日本文化の空間学

未来を拓く人文・社会科学

12

桑子敏雄 編
KUWAKO, Toshio

東信堂

はじめに

二〇〇三年の秋の一日、日本晴れの京都六角堂には三々五々集まる人びとの姿があった。六角堂は、室町時代に連歌の座が始まったところとして知られる。「日本文化の空間学構築」という旗印の下、一座を建立するために集まった人びとは、六角堂を見学し、鴨川に出て、北に上り、荒神橋のたもとで、堤防を下りた。それぞれが秋の草花を摘むためである。

やがて一行は、東山の麓、銀閣寺の書院に入った。そこは、富岡鉄斎の描く襖絵で囲まれた空間である。描かれた舟の上では、笛を吹く少年の脇で杯を傾ける老人の姿がある。襖絵から床の間に目を転じると、そこには大きな字で、「随処楽」という軸が掛けられている。

鴨川で摘んだ花を立て、茶を喫し、食事を終えて、連歌の座に連なったのは、日本学術振興会の「人文・社会科学振興プロジェクト」事業のなかの「日本的知的資産の活用」プロジェクト、そのなかの「日本文化の空間学構築」をテーマとする研究グループを中心とする研究者である。

銀閣寺での連歌会を研究のスタートに選んだのは、このプロジェクトの趣旨に深く関わっている。日本の歴史のなかで、座の文化といわれる茶道、華道、連歌が興隆したのは、室町時代から戦国時代であった。人びとが対立と紛争の時代に求めたものは、空間を共有し、茶や花を媒介にしたコミュニケーションを実現しながら、相互の信頼関係を高めるための文化的装置である。いったい当時の人びとは、どのような空間体験にもとづくコミュニケーションを工夫し、そして、実現したのだろうか。一座の目的は、日本文化に燦然と輝く東山文化の空間に自らの身体を置いて、お互いにその体験を語り合うことであった。

書院の空間に勢揃いしたのは、つぎのような錚々たる面々であった。日本の空間をまたたくまにスケッチに描き、空洞化した市街地の活性化のために閉じた店を研究室に改造する「まちなみラボ」の元祖、建築学と土木工学の知識を駆使する大阪人間科学大学教授・片寄俊秀、独特の節回しの語りが笑いを巻き起こし、眠っていた市民意識を見事に目覚めさせるまちづくりの達人、「まちの縁側育み隊」の隊長、愛知産業大学教授・延藤安弘、コンクリート三面張りの川をいつのまにか自然豊かで子どもたちの歓声が聞こえる川につくり変えてしまう、多自然川づくりの先駆者、吉村伸一流域計画室代表取締役・吉村伸一、日本の川をだれよりも愛し、九州地方整備局武雄河川事務所在任中、若い所員に「所長、所長はホントに川が好きなんですね」と言わしめた、もと国土交通省職員で、日本の河川工学・河川行政の革命児、九州大学教授・島谷幸宏、どんな空間を歩いても、複雑な日本の神々の系譜をなぞり、そこに人びとの信仰を探り当てる文化人類学者、兵庫県立大学教授・合田博子、インド学の研究から環境宗教学を展開し、また地域通貨の実践的研究を進める兵庫県立大学教授・岡田真美子。

海外からも、風土学の創始者にして、「フランスと日本はまったく違う。ちょうど、パンとご飯のように。しかし、どちらもおいしい」と語るフランス国立高等社会科学研究院教授のオーギュスタン・ベルク、「『我思う、ゆえに我あり』というのは、地震のない国の思想だ」と喝破し、風土を基礎に風景学を論じて、パリ・ラビレット建築学校で日本の現代建築を研究するパリ大学准教授のヤン・ヌソム、日中の平和的関係の構築には、市民レベルの交流が不可欠として活動を進める賀雪鴻。

そのほかにも、川づくり、まちづくり、地域づくり、国づくりを対象とする若い研究者たちも参加した。これらのメンバーは、日本学術振興会人文社会科学振興プロジェクトが目指す「諸学連携」「諸学融合」をすでに自らのうちに体現している。そればかりか、研究成果を社会に発信する「社会提言」「政策提言」を実践している人びとでもある。いや、提言するばかりではない。すでに、その提言を実行してしまったメンバーでもある。こうした人びとが結集したときに、いったいなにが起きるのか。

「ワークショップ」を日本の辞書で引くと、「与えられた課題について勉強したことを持ち寄って議論する場」といった意味が与えられている。これに対し、英語の辞書では、「参加者の知識や経験を持ち寄って、課題となっているテーマについて議論する場」となっている。わたしたちが目指したワークショップは、空間という書物を一緒に読み解きながら、メンバーそれぞれの解読を照合し合い、空間の深い意味を受け止めて、さらにそこに新たな表現を生み出す作業の場であった。だから、これは単なるフィールドワークでもワークショップでもない。これをわたしたちは、「フィールドワークショップ」と呼んだ。「フィールド・ワークショップ」ではない。「・」なしの、「フィールドワーク」と「ワークショップ」が融合した「フィールドワークショップ」である。「空間学」の活動とは、そのようなフィールドワークショップの方法を駆使する学問的研究であった。言い換えれば、「方法としての空間学」がフィールドワークショップであった。

随処楽座一行は、こうして日本各地をめぐりながら、地域の課題を共有し、問題解決のための討議の場をつくり、問題解決のための提案を行ってきた。それとともに、フィールドワークショップという技術を洗練する活動でもあった。

本書は、「日本文化の空間学構築」というテーマで、わたしたちがこの五年間で展開した活動とその成果の一部を紹介するものとなっている。第一部では、方法をめぐる多角的な議論が展開されるであろう。また、第二部では、わたしたちが深く関わった佐賀平野の問題について考察を行う。佐賀平野の問題は、一見すると特定地域の問題であるかのように見えるかもしれない。しかし、そこで論じられる水環境の問題は、日本全体の課題であり、環境の時代にあっては、世界全体の課題でもある。限られた土地、水という資源、巨大化する災害リスクへの負担という両要素の配分の問題、すなわち「恵みとリスク」の配分の問題は、地球環境時代の「正義」に関わる問題である。本書は、こうした二一世紀にあるべき正義の問題への入門書であるといってもよいであろう。

こうして、わたしたちの創始した空間学は、空間をめぐる人間と自然、社会の関わりについての根源的な問題領域へと足を踏み入れた。本書の出版を契機として、わたしたちは、方法としての空間学が地球環境の危機を回避し、その豊かさを回復、再生する思想的な手がかりになるよう、内容を充実させていきたいと考えている。

本書の出版は、日本学術振興会の人文・社会科学振興プロジェクトに関わった多くの人びとの協力なしには実現しなかったであろう。なによりも、このような研究活動を可能にした日本学術振興会および文部科学省に感謝したいと思う。本プロジェクトが日本学術振興会の初めての、そして唯一の直轄事業であったことを思うと、本書がプロジェクトの成果として少しでも評価されることを願わずにはいられない。

また、随処楽座として、わたしたちが訪れた多くの地域でのフィールドワークショップを実現してくださった市民、行政関係の方々には、心からお礼を申し上げたい。

最後に、本書の出版を含む人社シリーズの出版を快く引き受けて下さった東信堂の社長の下田勝司氏と忍耐強く原稿の整理をしてくださった星野紘一郎氏、地橋江美氏、二宮義隆氏には、心からの感謝を申し上げたい。

編　者

目次／日本文化の空間学

装丁：桂川　潤

◆本書を読むためのキーワード

日本的知的資産

　学問的な研究は、客観的なデータに用いた論証を特徴とする。理工系の学問では、定量的な、数値化されたデータが求められ、また、人文・社会系では、文字資料や図像資料などの資料がデータとなる。人文・社会科学振興プロジェクトのなかの「日本的知的資産の活用」プロジェクトでは、地域空間管理の知恵を掘り起こすという作業を目標に、地域社会に蓄積された非数値的で、非文字・図像的な知、地域が伝承や習慣によって蓄積している知のもつ意味を明らかにしようとした。たとえば、日本各地に伝えられる祭礼の伝承では、地域社会の管理システムが長い歴史のなかに伝えられている。このような意味での知的資産の視点から捉えるならば、スサノオノミコトと同一視された牛頭天王《ごずてんのう》を祭る祇園社(たとえば、京都の八坂神社)の祇園祭りは、洪水のリスク管理の神であるとともに、洪水後の感染症(疫病)のリスク管理の神に祈る祭りである。すなわち、日本的な「幸福」の概念である「無病息災」を祈願する社会的装置と解釈することができる。日本的知的資産の活用とは、さまざまな形で地域社会に伝承されている社会知を掘り起こし、それを地域社会の継承と再生に用いようとする学問的努力である。

　国土の大部分を占める山稜、狭い耕地、急流となる河川、複雑な地形などの条件のもとに、有限な土地と資源の配分とつねに予想を超える災害リスクの配分という社会的制約のもとに国土を管理してきた日本は、たとえば、「能力があり、努力して成功した者には、多くを配分する」という配分システムをとっているアメリカ的な正義とは根本的に異なった配分の正義を採用せざるを得なかった。それは、「能力がある者であっても、多くを取らない奥ゆかしさがあって初めて、みんなが生き残ることができ、また、そうして初めて自分も生き残ることができる」というサバイバルの正義である。

　日本的知的資産の活用は、このように環境危機の時代の地球管理の知恵をも提供するであろう。

空間学

空間学とは、地球環境の危機の時代に、日本の国土空間に立って問題を捉え、地域の人びとと議論し、解決策をさぐっていくための実践的な学問として、本書執筆のメンバーを中心としたグループが構想した新しい学問である。

国土空間を包括的に捉えるには、多様な学問的知識をもち、現場で実践的な経験をもつメンバーの集結と実践的活動が不可欠である。研究グループでは、人文系の哲学、宗教学、文化人類学の研究者と理工系の土木工学と建築学のメンバーがそれぞれのディシプリンにおいて蓄積した知識と経験を背景に、地方の空間を訪れ、体験を共有しながら、それぞれの視点と視線から空間の相貌としての風景の意味について議論し、国土空間のもつ意味を明らかにするための討議を行った。

とくに、本研究グループが注目した空間の機能は、空間を移動する水とそれにかかわる人間の文化や歴史とのかかわりである。泉や川、海と人々のかかわりを空間的体験の共有により、微地形といわれる空間のわずかな変化をも見逃さない多様な視線の協働により、コンクリート三面張りとなった河川の自然再生や空間の構造を再編する公共事業の意味について新たな方法論の提示を行っている。

フィールドワークショップ

空間学の方法。フィールドワークとワークショップを不可分なものとして結合したもの。このことは、空間体験とその体験の表現とを不可分なものとして考えることから生まれたものである。多様な学問的背景をもつ研究者と国や地方自治体の行政担当者、地域社会で活動する非営利組織のメンバーや一般市民など、多様な人びとが同一の空間を体験し、その体験を表現することによって、空間を捉える多様な視点を共有し、また多様な視線によって捕らえられる空間の相貌や意味について理解を深める方法である。

空間体験の表現は、通常のワークショップでの言語表現による認識の共有だけでなく、絵画や写真、さらに俳句や和歌による表現も有効である。とくに、室町時代に日本的なコミュニケーションツールとして発達した茶の湯、立て花、連歌などは、こうしたフィールドワークショップにきわめて有効であることが明らかになった。

こうしたコミュニケーションの技術は、空間をめぐる対立と紛争を解決するための日本的合意形成の知恵とも深いかかわりをもっている。ヨーロッパの文化的伝統のなかに培われた討議や対話という直接的な議論の応酬による問題解決とは対照的に、日本的なコミュニケーションとは、身体的な体験の共有にもとづく相互理解とともに、花や茶など第三の対象について言及しつつ議論することによる間接的なコミュニケーションであり、それによる問題解決の方法である。本書で展開するフィールドワークショップの技法は、とくに室町時代から戦国時代に発展した座の文化にヒントを得て展開した。

游歩謀讃

本書執筆メンバーの延藤安弘が桑子敏雄、島谷安弘、片寄俊秀とともに、ヤン・ヌソムの案内でパリとその周辺のフィールドワークショップを実施中に創案した思想。その内容は、本文に譲るが、地域づくりの根本的な方向性を示す考え方である。それは、身を空間にまかせながら、水の上をただよい、地上を歩き、この地域をどうしたらよいかと考える。その際、なによりもその土地のすばらしさを讃えるのである。というのは、地域に暮らしている人びとは、必ずしも、その地域のよさを認識しているとは限らないからである。

フィールドワークショップでは、この「游歩謀讃」を戦略的に行うことによって、空間のすばらしさと課題を共有し、それを解決するための方向性を得ることができる。

佐賀平野と有明海

本書の執筆者グループのうち延藤、片寄、島谷、桑子は、日本の川づくりでの市民参加と官民協働の事業である「川の日ワークショップ」にかかわってきた。環境への配慮を欠いたまま行ってきた河川行政に対して、市民からの批判に答える形で、一九九七年に河川法が改正された。この法律には、環境配慮と市民参加の精神がうたわれている。河川法の制定を機に開始された「川の日」ワークショップの第二回でグランプリを獲得したのが佐賀平野を流れる城《じょう》原川《ばるがわ》である。日本の川の原風景を残す城原川は、古代から連綿と続く治水と利水の履歴をその風景に深く宿す川である。

城原川の上流のダム計画が行政の鶴の一声で目を覚まし、大きな議論を巻き起こしている。ダムは、流域の空間構造を改変し、城原川のもつ風景の意味さえも変えてしまう。ダムの是非の議論で行われた景観についての検討は、ダムがどこから見えるか見えないかということだけで、城原川の風景のもつ深い意味については、なんら検討・討議がなされていない。

本書は、佐賀平野と城原川、有明海の空間構造と景観の意味について、これまで土木工学的視点ではまったく見えていなかったものを提示し得たと考えている。日本の国土空間の構造を改変する公共事業において、もっとも欠如している視点と視線とを本書は、佐賀平野と城原川、佐賀平野という地域から問おうとする試みである。

竜宮からの贈り物

城原川の景観をさぐるフィールドワークショップにおいて明らかになった空間の意味を「竜宮からの贈り物」と捉えるのが本書の視点である。山から川へ、川から海へという空間全体を包括的に視点がこのことばによって表現されている。竜が背を振ったという背振山、そこから流れ下る城原川の中流に置かれた竜宮の祠、山幸彦、海幸彦の神話的世界をつなぐ多くの社、そのなかの海神をまつる風浪《ふうろう》宮《ぐう》、そして、有明海が大潮の日に海底を現すとき、航海の安全と豊漁を祈る沖参りによって出現する海神の祭壇。本書は、古代から連綿と継承される地域管理の知恵と伝承を探りながら、空間への智恵を見失った現代文明への警鐘を鳴らす役目を担っている。

日本文化の空間学

第一部　方法としての空間学

第一章　方法としての空間学

桑子　敏雄

一　「日本的知的資産の活用」と「日本文化の空間学構築」

二〇〇三年の秋、日本学術振興会の人文・社会科学振興プロジェクトの事業、「日本的知的資産の活用」研究プロジェクトに属するメンバーが東山山麓の銀閣寺に集結したとき、わたしたちが共有していたテーマとは、つぎのようなものであった。

有限な土地と資源を、そしてまた予想を超える災害リスクの負担を配分し、また管理してきた日本的システムは、無限な資源を前提とする欧米的な分配システムとは異なった様相を示してきた。

しかし、このような配分システムを統御する知的資産は、近代の欧米追随型の学問研究の目からは、十分に評価されることがなかった。

現代の地球社会は、有限な資源と歴史的に未経験の巨大災害のリスクの負担という大前提のもとでしか生き残ることはできない。すなわち、資源枯渇と地球環境の危機という現代世界が抱える問題は、日本という小さな国が長い時間をかけて経験してきた課題そのものである。そこで、蓄積された日本的知的資産を「空間」と「ネットワーク（縁）」というキーワードでとらえてみよう。日本の地域社会や文化のなかに蓄積されているさまざまな知的資産を掘り起こしてみれば、これからの国土や環境が直面する課題に対し、解決の道筋を示せるのではないか。そこで得られる知識や技術は、行政と市民、市民と市民のコミュニケーションに活かすことができるに違いない。

本書は、「日本的知的資産の活用」という研究プロジェクトに所属したメンバーが研究の成果として執筆した文章を集めたものである。ただ、本書のタイトルを「日本文化の空間学」としたのは、本書の内容が「日本的知的資産の活用」研究プロジェクトのサブグループ、「日本文化の空間学構築」研究グループのテーマに即するものであるという理由からである。「日本文化の空間学構築」研究の課題はつぎのようなものであった。

現代の日本における国土政策や環境政策では、二〇世紀に主流であった行政主導型から住民参加・

市民参加型の事業へと転換しつつある。こうした状況下で、日本の社会にふさわしい市民参加・合意形成手法が求められている。わたしたちは、この認識のもとに、日本社会の知的資産として、地域社会に蓄積された様々な空間管理手法や社会的合意形成手法を掘り起こし、これからの国土政策や環境政策に活用できる方法を研究する。

具体的には、「空間の再生と継承」という課題に取り組む。「空間の再生と継承」には、たんに自然環境の再生・継承のみならず、この課題と不可分なものとしての歴史・文化・生活の再生と継承をどのように実現するかという課題も含まれている。

あわせて、「空間の再生と継承」のための実践的な手法の開発も行う。この手法は、「フィールドワークショップ（空間体験を共有することによる創造的討議の場）」と名づけ、二つの意味を持たせる。

（一）メンバーおよび研究者、市民、行政担当者が空間体験を共有するなかから問題の本質を明らかにし、その解決案を創出していく場。

（二）さまざまな社会提言を具体的な政策提言として市民・行政に発信し、その反応をフィードバックすることで、より高次の解決案に向かって進行する場、諸学・学官民の融合的協働と社会提言を同時に行う方法としてこの方法を洗練してゆくことを中心的な課題と位置づける。すなわち、「空間学」は、日本の国土空間が抱える問題を解決するための方法と考えることができる。

以上のような認識を共有しながら、わたしたち、随処楽座の諸国巡業は始まった。

二　神々の空間

京都の後、兵庫県三田、龍野、神戸でのフィールドワークショップに続いて、わたしたちが訪れたのは、宮崎県高千穂町であった。

高千穂町は、日本神話のふるさとである。高千穂町を流れる五ヶ瀬川の支流には、アマテラスオオミカミとスサノオノミコトの対立の舞台となった天の岩戸や、紛争を解決するために八百万の神々が招集された天の広河原の位置する岩戸川がある。また、高天原からニニギノミコトが降臨したという伝説のある槵觸《くしふる》神社の麓には、神代川が流れている。

わたしたちが高千穂を訪れたのは、三〇年以上も前にコンクリート三面張りになってしまった神代川の再生についてフィールドワークショップを行うためであった。昔、神社の直会場であった公民館でのワークショップが現在宮崎県の進めようとしている神代川再生のきっかけになった。

同時に見学した高千穂神楽から、わたしたちは多くのことを学んだ。『日本書記』の一説によると、アマテラスオオミカミとスサノオノミコトの対立・紛争は、水と土地、自然災害のリスク負担の配分を原因としているという。アマテラスの相続したよい田は、狭田《さなだ》、長田といわれ、洪水・渇水のリスクを免れた棚田とされている。また、スサノオの田は、川寄田、株田といわれ、平野部でつねにリスクに直面する田である。天の岩戸開きは、田んぼの配分とリスク負担の配分をめぐる姉弟の相続紛争とその解決の物語であった。この問題解決の過程は、八百万の神々が「みんなで話し合い、熟慮した賢明な提案を採択し、笑いを含む工夫をしながら、解決のための決断へと導くプロセス」であった。わたしたちの認識した天の岩戸開きのもつ意味は、土地と水といった資源の配分と災害リスクの負担配分という、「配分の正義」の問題であるとともに、合意形成を進める上での手続き上の正義の問題でもあるということである。

わたしたちの旅は、その後、日本の国土の資源管理・水管理とそこから発生する紛争・解決の物語を求めて、出雲、東京、長野県志賀高原、有明海、新潟山古志、大分県豊後高田、別府、佐賀県千代田町と脊振《せふり》村（現在の神埼市）、佐賀市、福岡県行橋市などをめぐり、地域の抱える問題について、市民、行政担当者と熱い議論を交わした。

わたしたちが発見し驚愕したのは、どの地域の空間も古代の神々の物語に彩られているということであった。しかも、神々の系譜は、地域経営と水資源・水環境の管理という課題と密接に結びついていた。そのような旅の過程で出合った課題の一つに、福岡県行橋市の沓尾《くつお》海岸の保全問題があった。地域活動団体「赤べんちょろの会」は、二〇〇五年七月の海の日に福岡県行橋市の沓尾海岸で清掃活動をしながら、岩礁を対象に岩石の勉強会を開催していたとき、美しい海岸に道路建設の計画があることを知った。その海岸は、「姥《うば》が懐《ふところ》」と呼ばれていた。姥が懐は、行橋市を流れる長峡《ながお》川、今川とならぶ祓川の河口に位置している。行橋市の計画は、一五年ほど前に策定されたもので、市は水産庁の補助金を得て、二〇〇六年から工事を開始することにしていた。沓尾集落とこの集落の漁業者が利用するための漁港をつなぐ道路である。赤べんちょろの会の人びとは、これは利用者の少ない無駄な公共事業であり、ふるさとの大切な海岸の価値を損なう事業であると考えた。

赤べんちょろの会は、ふるさとの美しい海岸を守るために行政への働きかけを開始したが、その活動は困難を極めた。そこで、わたしたち空間学グループの九州大学教授・島谷幸宏に助言を求めた。島谷は、地域特性と道路建設事業の関係を確認し、その計画の意味に疑問を抱いた。そこで、合田博子、岡田真美子と桑子敏雄に参加を呼びかけ、赤べんちょろの会が発展した「豊の国地域づくりシンポジウム実行委員会」により「豊の国！　地域づくりシンポジウム〜川と海の文化再発見〜」（二〇〇六年二月五日）が開催された。このシンポジウムは、姥が懐を含む地域の価値について、そこに暮らす人びとが自分たちのふるさとの価値を見直す大きな契機となった。

シンポジウムに先立って、わたしたちは、まず沓尾の位置する地理的な状況を認識しつつ、その脇を流れる祓川《はらいがわ》とその上流の英彦《ひこ》山のフィールドワークショップを展開した。英彦山とは、「ヒコ」すなわち「日子」であり、アマテラスオオミカミの子であるオシホミミノミコトを祀る珍しい神社である。明治時代以前は、修験の山として著名で、多くの山岳修行者が行き交う聖地であった。ところが、明治時代初期の神仏分離・廃仏毀釈で、ほとんどの伽藍は破壊され、英彦山神社だけが残る、という結末になった。宝物館には、腹を切られた仏像が当時の思想破壊の凄まじさを物語っている。わたしたちは、この英彦山の伽藍を清めるために、修行者たちが山を下り、祓川に沿って、沓尾に至り、姥が懐で水を汲む秘儀を行っていたということを知った。しかも、この秘儀は今もなお引き継がれているのだ。

姥が懐に隣接する沓尾集落には、龍姫神社がある。この名前から明らかなことは、オシホミミノミコトの孫、ヒコホホデミノミコト（山幸彦）の妻、豊玉姫が祀られているということである。そこから推測して、山幸彦の社を探したところ、祓川をはさんで浮かぶ簑島に古くヒコホホデミノミコトが祀られていることが分かった。こうなると、山幸彦と豊玉姫の間に生まれたウガヤフキアエズノミコトを探したくなる。残念ながら、この神の社は、発見できていないが、龍姫神社の東に展開する岩礁地帯にあるのが姥が懐である。「姥」は、豊玉姫の妹で、ウガヤフキアエズの姥となり、また妻となってカムヤマトイワレヒコ（神武天皇）を生むことになる玉依姫のことではないかという推測が成り立つ。じっさい、姥が懐から東に少し行くと海岸に加茂神社がある。その祭神は、明らかに玉依姫である。

英彦山と沓尾海岸とを結ぶ祓川は、山と海と川が一体となっていることを意味づけている大切な川であることが分かった。山と海とを結ぶお汐井取りの行事は、この大きな空間意識の所産である。また、龍姫神社の創建に込められているのは、地域の人びとの豊漁と海上安全への祈りであり、また姥が懐の水を飲むと乳がよく出るという伝承は、玉依姫伝説に託された安産、子育ての願いとの関連を想像させる。地域に生きてきた人びとが、その地形を読み、そこに願望と信仰とを込めて神社をつくる。神社は、社殿だけが意味をもつのではない。むしろ、社殿のロケーションが地域の人びとの関心・懸念がどこにあったかを物語るのである。

沓尾海岸は、こうして神々の物語によって彩られた空間であることが分かってきた。この地域には、スサノオを祀る今井祇園社などもある。また、『日本書記』には、後の景行天皇が九州遠征のために上陸した地点であることが記載されている。沓尾海岸は、日本の歴史・文化にとってかけがえのない海岸なのである。

地域の価値をこのような形で共有した活動グループは、「行橋の自然と文化を考える会」へと発展した。すでに決定されている公共事業について、計画変更を求めることは、きわめて困難な作業であったが、グループは、ねばり強く交渉を行った。また、研究グループも行政に対する働きかけを行った。その成果が、沓尾海岸でもっとも大切な姥が懐の岩の保存ということになった。ほとんど全部を破壊することになっていた道路の形態とコースの変更が実現されたのである。

こうして変更された公共事業ではあったが、古代からの文化的価値、歴史的価値を宿す海岸は、一部を残して破壊されてしまった。この海岸の空間的価値を再認識することなく計画された事業は、ほぼそのままの形で実行されたのである。空間の改変、改造がもたらす悲劇的な結末を、わたしたちは目の当たりにすることになった。しかし、この活動を通して根付いていった市民活動は、行橋の豊かな自然や歴史・文化の探索の旅に向かいつつある。

三　ふるさととの見分け方

沓尾海岸の道路建設は、沓尾海岸のもつ価値に対する認識を欠いたまま計画され、実行された。なにか大切なものが失われるのではないかという危機感のもとに市民は活動した。しかし、その「なにか大切なもの」の意味について十分に認識していたわけではなかった。わたしたち、研究グループは、こうした市民との交流のなかで、地域そのもののもつ価値を風景のなかに読み取り、また、地域の文化的伝承を研究している人びととともに、議論を深め、共有していった。

議論の深め方に対する提案として、わたしは、「豊の国！　地域づくりシンポジウム」で、「ふるさとの見分け方」という講演を行った。これは、いわば、「空間学の方法」であり、あるいは、「方法としての空間学」ともいうべきものであった。そしてまた、フィールドワークショップにおいて探求すべき項目の整理という意味も有していた。

「ふるさとの見分け方（空間の価値構造認識法）は、

①　空間の構造を認識する

②　空間の履歴を掘り起こす

③　人びとの関心・懸念を把握する

という三点から構成される。それぞれについて説明しよう。

①空間の構造認識

沓尾海岸を例に取ってみると、沓尾海岸を含む空間の構造を明らかにするには、海岸、河川、山岳、道路など地形の骨格を把握する。とくに重要なのは、空間の構造を決定する河川や海岸などの水環境によって形成された空間要素の配置関係である。

まず、源流の英彦山から河口の沓尾までの経路を見る。扇状地では、多くの場合、農業用水路が分岐し、水は、平野に張り巡らされた水路網を流れて拡散する。その水路はどうなっているか、河川と水路との関係はどうなっているかを把握する。また、農業用水路は、山から長く延びる尾根に沿って開削されていることが多い。長く伸びた丘陵は、「尾」と呼ばれている。こうした尾の形状をもつ地形では、その麓に水の湧くことが多く、水田耕作との関係に注目しなければならない。

祓川、今川と並ぶ長峡川《ながお》は、細長い丘陵の麓を流れる川であり、それに接する平地を流れている。古代の人びとはこうした地形のもとに農業生産の基盤と生活基盤を形成した。長峡川周辺の丘陵には、多くの古墳が点在する。また、沓尾は、洞窟のある尾であるか、あるいは、靴の形をした尾であるか、いずれにしても丘陵が海岸に突きだした形になっている。

地域空間の価値は、人びとが日常生活や農業を行うための水をどのように確保したか、大雨になったときの洪水リスクを回避するためにどのような居住環境を選択したかということと深く関わっている。地理・地形が人びとの生活の構造をある程度決定していることを考えると、その構造のなかから人びとの生活と空間との関わりが蓄積されていることが分かる。これが空間の履歴であり、その空間の履歴を読み解くことで、そこに生きた人びとの関心・懸念がどこにあったかを推測することができる。

②空間の履歴の掘り起こし

沓尾海岸とそれを含む空間の履歴を明らかにする。空間の履歴は、生態系と人びとの生活・活動・文化の歴史的全体像を基礎とし、それが現在の状況にどのようにつながっているかを調べる。また将来どのようになってゆくかという可能性についての考察をも含んでいる。歴史が過去に属するのに対し、履歴は現在に属し、未来に開かれている。

沓尾海岸に潜む空間の履歴を明らかにするためには、空間の構造、地名などの意味を考えることが必要である。また、地域でもっとも古くから残っているものとして、寺社、古代条里制の跡、山城を含む城郭の遺稿、河川の付け替えや都市の開発発展の記録などがあり、これに加えて地誌などに記載された情報が役に立つ。戦後の開発などで失われかけている施設に関する伝承については、古老の話を聞くことも重要な手がかりを提供する。古い写真なども役に立つ。

③人びとの関心・懸念の把握

空間の構造の認識と空間の履歴の掘り起こしは、古代から連綿と続く地域での生活において、そこに暮らす人びとが何に関心をもち、何を心配していたかということについて、重要な情報を提供する。フィールドワークショップのフィールドの部分は、この点についての認識を共有する重要な作業である。

また、ワークショップの部分では、現在地域に居住する人びとが何に関心をもち、何を心配しているかを把握することができる。このとき重要なのは、人びとの表面上の意見を聞くのではなく、なぜ人びとがそのような意見をもっているのか、もつに至ったのかを掘り起こすことである。すなわち、意見の理由を知ることである。この作業のためには、たとえば、アンケートのような意見の聴取方法ではまったく不十分である。「なぜ、あなたはそのようにお考えですか」という、対面での質疑が不可欠である。そこで、たとえその地域に居住している人であっても、改めてその居住空間でのフィールドワークとワークショップ、すなわち、フィールドワークショップに参加することが役に立つ。

以上のような空間構造の認識、空間の履歴の掘り起こし、人びとの関心・懸念の把握という、空間の価値構造認識（ふるさとの見分け方）の三要素は、地域空間の価値とそれに対する人びとの多様な意見の存在、意見相互の違いの認識を可能にする。したがって、ふるさと見分けは、ふるさとをつくっていくための合意形成のツールとなる。

なぜ、沓尾の道路計画は、地域の人びとと行政の間に対立、軋轢を生みだしたのか、この対立を克服し、よりよい地域空間の創出のためには、何が必要なのかを考える基礎を与えるのである。

空間の価値構造認識は、戦後の公共事業の多くが日本の国土に蓄積された履歴を考慮せずに行われてきたことを明らかにする。たとえば、沓尾の海岸道路を計画立案した人びとがどのような関心にもとづいて事業計画をつくったか、空間の構造、履歴、人びとの関心を踏まえた事業計画であったかどうか、事業計画が、地域の空間の構造、履歴、人びとの生活や関心をどのように変化させる可能性があるかを問うことによって、その事業が地域をよりよくすることに役立つかどうかについて、議論する材料を提供することができる。

空間の価値構造認識は、日本の国土に蓄積された古い履歴だけを明らかにするツールではない。近代化のなかで近代以前の空間をどのようにつくりかえてきたかという重要なテーマについて考えるツールでもある。残念ながら破壊されてしまった沓尾の風景を見ることは、行政がどのような目で地域空間を捉え、また、計画および施工をしてきたかということを明らかにする。その風景は、皮肉なことに、空間の価値構造認識の完全な欠落のもとで行われた事業であることを雄弁に物語っている。

戦後の公共事業は、復興のために、生産性、効率性、経済性を求めて展開されてきた。とくに、高速道路やダムなどの巨大土木構造物は、日本の複雑な地域空間の構造と履歴に反するような形で建設が進められた。また、地域に生きる人びとの関心・懸念とぶつかるような事業も多かった。生産性、効率性、経済性は、東京の行政府の建造物のデスクのなかでの設計でも実現可能な価値のように考えられた。そこで、地域の現場の状況も考慮せずに立案された計画が地域空間を改変してしまったのである。それは、抽象的理念のもとで概念化された空間の実現であった。こうした普遍性のもとでの空間再編が複雑な日本の国土に適用されるとどうなるか。同じ概念のもとで改造された空間ばかりになってしまうことは明らかであろう。そのような空間の相貌としての風景は、人びとの関心・懸念、履歴を見えにくくする。あるいは、「尾」と平地との間に建設された高速道路は、その境界空間の重要性を隠蔽してしまうのである。フィールドワークショップの目は、そうした巨大構造物の背後にある価値の構造まで見抜けなければならない。

四　方法としての空間学

行橋で示した「ふるさとの見分け方」は、空間学の方法の一つと考えることができるだろう。それは、地域空間の価値を認識するための方法である。このことは、地域空間を再編するような社会基盤整備、河川改修やダム建設、道路や鉄道建設、都市改造や大規模建築の建設など、地域に大きな影響を与える事業のもつ意味について考察するための方法でもあるということを意味している。

また、空間学の方法としての「ふるさと見分け」は、地域空間について、そこに居住する人びと、あるいは、そこに居住しない人びと、行政担当者、事業の設計者、事業を支えるコンサルタントなどの関係者がどのような関心や懸念をもっているかを把握し、そこにどのような対立や紛争の可能性があるかを見分けるための方法でもある。これは、すなわち、対立・紛争の予測(コンフリクト・アセスメント)であり、対立・紛争を防止し、また、回避するための基礎的な作業である。

また、第二に、紛争が発生してしまった場合、その紛争を解決するために不可欠な作業でもある。なぜなら、事業に対するさまざまな意見の背後に隠れているのが地域空間に対する多様な関心・懸念だからである。事業に対し、賛成、反対の意見だけを問うようなアンケートを行い、多数意見に依存して決定しようとすることは、逆に、紛争を泥沼に陥らせることとなる。大事なことは、賛否の意見を聞くことではなく、なぜ賛成なのか、なぜ反対なのか、その理由を把握することであり、その理由相互の対立関係を克服するような解決案を提示するような合意形成プロセスを構築することが解決への近道だからである。

要するに、空間学の方法は、個々の社会基盤整備が地域空間に対してもっている意味を明らかにする方法であるとともに、社会基盤整備をめぐる紛争を防止・回避し、あるいは、陥ってしまった紛争を解決するための手がかりを提供する方法としても位置づけることができるであろう。

さらに、空間学の方法としての「空間の価値構造認識」は、地域づくり、地域活性化という、個々の特色ある地域社会についての実践的な活動について、研究者が研究を進める上での、一つの学問研究上の方法として位置づけることができるように思う。地域づくりについての研究は、地域の特殊性を前提としているという点で、一般的な理論によっては説明しにくい領域にある。ともすると、地域づくりの研究は、個別事例のケース・スタディになってしまいがちである。これに普遍性をもたせようとしても、他の類似のケースと比較研究を行うくらいしか方法がないであろう。空間・時間・人間の三要素から構成される「空間の価値構造認識」、すなわち、空間の構造、空間の履歴、人びとの関心・懸念の三要素を統合的に把握するような地域研究の方法は、地域空間の問題を構造化するツールとして見ることができるであろう。

まとめよう。以上のように、「空間学」は、

(1)　地域空間の価値構造認識（ふるさと見分け）の方法
(2)　社会基盤整備における紛争防止・紛争回避および紛争解決のための合意形成の方法
(3)　地域空間の研究の方法

という三つの意味で、「空間学という方法」として性格づけることができるであろう。そして、この「空間学という方法」の具体的実践方法として、「フィールドワークショップ」を位置づけることができるのである。

第二章　「游歩謀讃」としてのフィールドワークショップ

——創発的方法の空間学のすすめ方

延藤　安弘

はじめに

パリの地下鉄。朝のラッシュアワーをすこし過ぎた頃とはいえ人の多い車中、三人の日本人男性が論じあっている。

「これだけ災害がしょっちゅうやってくると、日本の川の行政課題は防災重視となっていく……」

「せっかく多自然工法といいながらも、片方で従来以上の固い護岸工事に重点が移っていき、景観がだいなしになる……」

「『景観防災堤』というのはありえないだろうか？」

「景観の柔かさと防災の固さのマッチングの可能性？」
「『景観防災堤』ってこれまでにあった？」
「いや、この言い方は今、この場のやりとりから生まれたばかりの新しいアイディア……、でも『たたみ堤』のような伝統的な防災文化は一種の『景観防災堤』ではないだろうか……」

ある場所を共にしながら、課題を自由に考え、応答しつつ新しい発想を分かちあう現場がここに生成している。

二〇〇六年九月の約一週間、筆者は桑子敏雄・東京工業大学教授、島谷幸宏・九州大学教授、片寄俊秀・大阪人間科学大学教授の四人で、ヌソム・パリ大学建築学部教授のナビゲーターのもとに、主にパリ市内、さらにノルマンディー地域を日仏文化の空間学の調査検討の旅をする機会をえた。

五人は旅をしながら、たゆまず空間が発する多様な情報を解読し、自由意見を開陳しつつ相互に触発しあう関係に身をおいた。旅の中ほどのある日の朝食の席上に、筆者は「游歩謀讃」のメモを出した。それの意味する内実は後に詳述することになるが、その意図を簡単にいえば次のようなことであった。

一定の空間を共に遊び心をもって歩く——このような経験から出発する研究の方法は可能であろうか。というのも遊ぶことこそが、ある意味で新しい方向や方法をいいあてる研究の原初的な様態であるように思われるからである。

本稿の目的は、「游歩謀讃」と称するフィールドワークショップの方法の意義とすすめ方を提起することによって、これからの諸学横断（理系・文系問わず）の研究方法の素描を行うことにある。しかし研究方法といっても「かくあるべきだ」という使命感を振りかざすことなく、方法というよりむしろ身振りや作法とでも呼ぶのが適切かもしれない。私たちのささやかな試み（日本文化の空間学研究会と筆者の日常の研究実践を通して）の意味するところとその可能性を述べることによってフィールドワークショップなるものの中味に分けいってみたい。

一　創発的方法の空間学

本稿は、第一章で述べられた「方法としての空間学」の視点を踏まえながら、創発的方法の空間学展開のための「游歩謀讃」としてのフィールドワークショップの内実について触れる。その前に、創発的方法の空間学とは何かについてその要点を検討しておこう。

1　創発の生活空間計画

筆者は生活空間計画を専攻している。

生活空間計画とは、「存在」の側面と「関係」の側面が切り離しがたく結びついているものであり、前者は個の建築内部からそれらが集積する建築群の空間的配列と、それらの間に介在する多様な中間領域全体が織りなす空間のミクロ・マクロの体系的構成を指す。後者は、それを利用する人間をコミュニケーションの主体ととらえ、環境を物的環境（人工環境・自然環境・情報環境など）と非物的環境（人間関係・社会秩序・文化活動など）ととらえ、両者が何重にも交差して円環のように互いに他を貫いている有機的システムととらえることを指す（延藤　二〇〇一、二一八―二二二頁）。

いいかえると生活空間計画は、人間―環境系相互浸透関係の新しい質がつくりだされる「創発」のデザインである。「創発」（emergence）という概念は、元来二〇世紀初頭の科学哲学においてベルグソンが提起した「創発的進化」（emergent evolution）に発している。ベルグソンのひそみにならえば、創発の計画とは、人間と環境の相互浸透の関係の動きが、生命のはずみのような「時として新たな質」を創出しつづけるプロセス・デザインのことをいう。人間の意識と空間の形態を合理的に、または相互作用的につくりだす方法としての創発の計画は、技術的な空間構成だけでなく、地域住民の生活知やコミュニケーションにおける人間関係や、自然の生態系や、地域の歴史・文化といった生活空間の多面的現実のさまざまな局面を開花させるところに、現代社会において大きな意義がある。なぜならば、私たちは人間の物象化・疎外化と、「身体的文脈を欠いた概念空間」（桑子　二〇〇三、二三九頁）の拡大、それによる空間の無機質化・均質化が加速する時代に生きているからである。

創発とは、何らかの生活空間の改変・創造プロセスにおいて、専門知と生活知の結合ににょって生じる生活空間の「新しい質」の出現のことをいう。専門知と生活知の結合による創発的方法は、計画の質的方向性を、機能主義的なものから文脈主義的なものに移行させる。すなわち、それは生活領域を分割しきる機能主義一辺倒を超えて、生活諸領域間の相互浸透と、利用する知、育む知を内包した空間を生みだす。

2　人間・環境系融合の創発の空間学

本書で対象にする空間学は、生活空間だけではなく、自然空間・生産空間も含み、住居・近隣住区から農村・海山川までに及ぶ人間－環境系融合の創発の空間学である。対象領域の違いはあろうとも、人間の創造活動と創造物としての空間との統一を目指す創発の空間学は、複雑きわまりない国土空間を機能的にゾーニングする、分離するやり方を超えて、カップリング、融合するやり方を目指す。都市計画や農村計画などの制度的しくみの「ゾーニング」は、もともとは悪しき混合による生活破壊・環境破壊を抑止・予防する「善意」から始まったが、制度のひとり歩きの行き過ぎから、「ゾーニング」は、状況変化や隠れた地域ニーズを無視し、地域の生態・歴史・文化を排除化する傾向が危険なほどに強まってきている。

そこから脱却するには、空間の開発・整備・保全にあたって、生命体としての地域の多面性の状況にあった融合に赴かなければならない。いわば「機能的ゾーニング」から「生命的カップリング」への転換である。

「生命的カップリング」を目指す空間学の創発的方法では、専門家は、単なる観察者（observer）ではなく、行為者（participator）である。状況のなかに参入し、生活と空間、人間と環境の間を多面的に見るとともに、地域住民の語ることに耳を傾け、内なる衝動を感じとり、そこで多発する出来事を五感をフル動員して把握する。専門家は、対象に内在する創発的意味を引きだし、生活知・暗黙知の価値を抽出し評価する役割を帯びた存在である。

創発的方法では、研究・技術の方法の厳密性・体系性と、地域の生産・生活の伝統に宿る感受性や生活様式や価値を結びあわせるやわらかい思考法を鍛えることが求められる。したがって、創発的方法は、観察者・行為者と対象（人間・環境など）を分離することなく、対象がもたらすある状況のなかにparticipate・参入することによって、人間—環境系（ヒト・モノ・コト・トキの関係）の「内部」をながめることができるinsiderとなる。なぜならばoutsiderとして「外部」の客観的観察にとどまらず、「内部」への主体的融即（participateとは状況への融即である）をもたらすことにより、人間—環境系の重要なimpressionを把握することができるからである。impression（心象化）のexpression（形象化）、すなわち心と形の響きあう関係づくりは、このように「ヒト・モノ・コト・トキ」の関係の内的体験の固有の豊かさによって裏打ちされていく。そこに人間—環境系融合計画の創発的方法の特徴がある。

以上のような創発的方法としての人間—環境系融合の空間学はいかにして構築されるのであろうか。その実際の場づくりとして、以下に「游歩謀讃」としてのフィールドワークショップのすすめ方の中味に分けいってみよう。

二　「游歩謀讃」としてのフィールドワークショップとは

1　カオスをエネルギーにする

大小の国土空間にわたり「ヒト・モノ・コト・トキ」が融合する計画を実現させる空間学における創発的方法は、明解な秩序立ったプログラムを拒絶するわけではないが、それはプログラムだけでは不十分であり、コトのすすみゆくプロセスのなかでの思いがけない発見や新しい認識や行為のプログラム化することができないことをわきまえようとするものである。

線型システム（秩序）とは、「全体は（正確に）部分の総和に等しい」。だが、非線型システム（カオス）では、「全体は（なぜか）部分の総和よりも大きい」。創発的方法は、カオスをエネルギーにしつつ、計画プロセスの自己組織化の機縁をえることに特徴がある。自己組織化とは、外発的なorder（命令や法則）ではなく、内発的なorder（秩序やルール）の生成による自由で自律的なシステム形成のことをいう。秩序だったプログラムに閉じることなく、カオスをエネルギーにして、計画の自己組織化を図るということは、どのようにして可能であろうか。

2　「游歩謀讃」としてのフィールドワークショップの組み立て

カオスをエネルギーにしつつ、ヒト・モノ・コト・トキの融合の方向が分かちあわれる計画の創発の方法として、「游歩謀讃」的フィールドワークショップが位置づけられる。そのあらましを簡単な流れ図

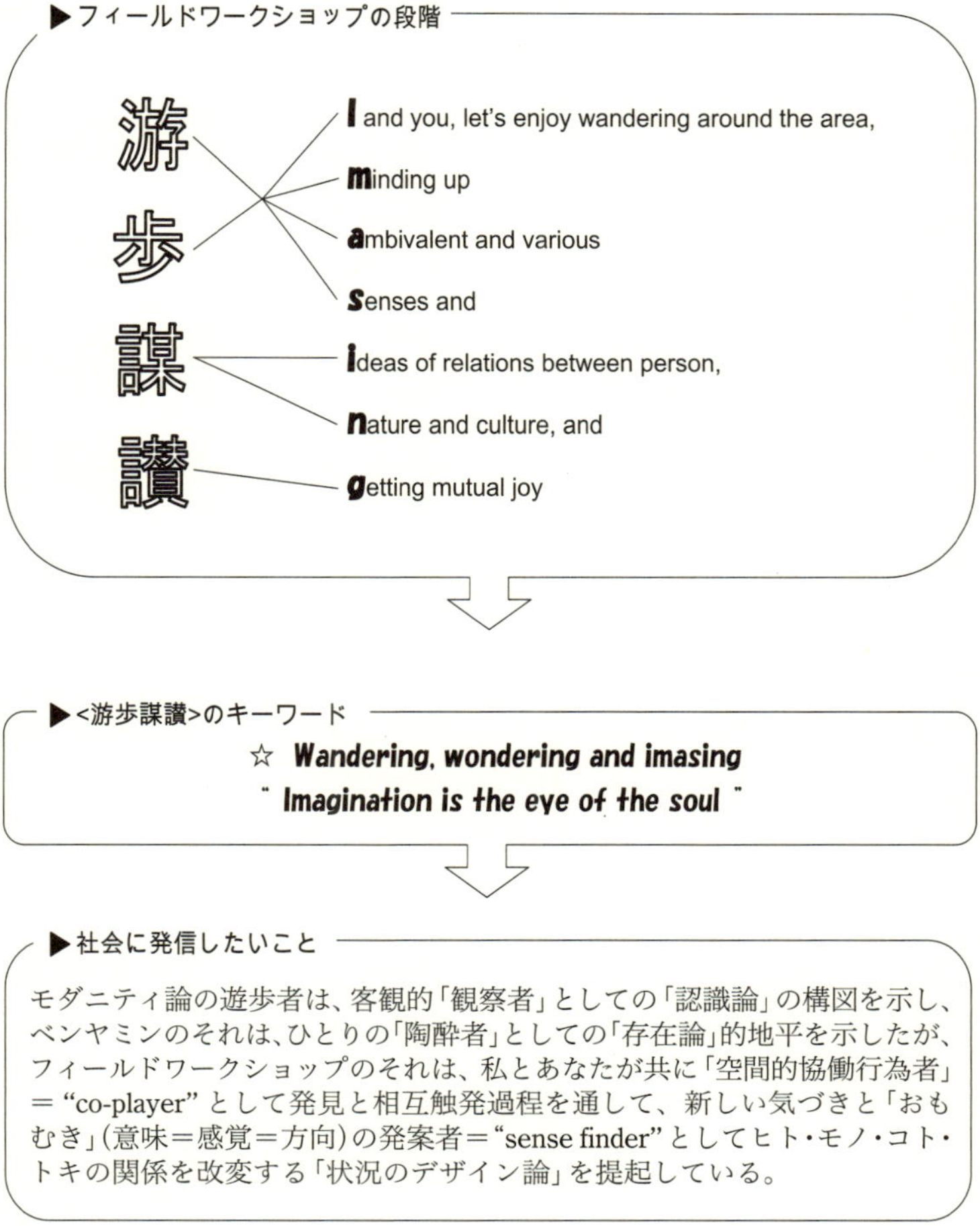
▶フィールドワークショップの段階
游
歩
謀
讃
I and you, let's enjoy wandering around the area,
minding up
ambivalent and various
senses and
ideas of relations between person,
nature and culture, and
getting mutual joy
▶<游歩謀讃>のキーワード
☆ Wandering, wondering and imasing
" Imagination is the eye of the soul "
▶社会に発信したいこと
モダニティ論の遊歩者は、客観的「観察者」としての「認識論」の構図を示し、ベンヤミンのそれは、ひとりの「陶酔者」としての「存在論」的地平を示したが、フィールドワークショップのそれは、私とあなたが共に「空間的協働行為者」＝“co-player”として発見と相互触発過程を通して、新しい気づきと「おもむき」（意味＝感覚＝方向）の発案者＝“sense finder”としてヒト・モノ・コト・トキの関係を改変する「状況のデザイン論」を提起している。

図１　フィールドワークショップの方法としての「游歩謀讃」

にすると**図1**のようになる。この図の語るところを読みとってみよう。

①游歩——遊び心をもって地域を歩きつつタカラの発見と感動体験を分かちあう

フィールドワークとは、一般的に研究対象となる地域と人びとに接近し観察し、時には共に生活しながらの異文化理解の手法である。ここでいう「游歩」は、フィールドワークの一種であるが、次のようなことに特徴がある。すなわち、フィールドワークとして、一定の空間（都市から海山に至るまで多様な地域環境）を、自己と他者が共に楽しみながら遊び心をもって探索し、地域のコトを熟知している関係者の話に耳を傾け、応答しているうちに地域の成り立ちや景観の価値等大切なことに気づきはじめる。あわせてそれは一面的価値や閉じた常識に終わるのではなく、両義的な、弱いいまだ見えにくいぼんやりとした潜在的価値の多様性に共に感じはじめる。空間共通体験と自由対話は、「強い思考」（絶対的価値、真理、普遍、弁証法など）を超えさせるきっかけを孕む。既知の知識体系や正統や権威にはなかった、新しい方向感や趣きやニュアンスを帯びた価値や意味をほのかに帯電した「弱い思考」が、「游歩」を通じて創発されていく。「游歩」的フィールドワークは、単なる観察・聴き取りの客観的記述を超えて、荒削りではあるがこれまでにない価値や意味を地域の文脈のなかに発見し、理論と実践の蝶番のようなコンセプトを相互に探りあてていく。

②謀——未来への状況づくりをたくらむ

「游歩」的フィールドワークが発する「弱い思考」や「柔らかい発想」は、領域別たてわりのロジックよりも、領域間を越境しながら参加者一人ひとりが自由に発話し、相互触発関係の生成をもたらすワークショップを通して、「詩的ロジカル」な方向をもたらす（「詩的ロジカル」の意味は後述）。とりわけそこでは、人間と自然と文化の間を横断化する関係性を企画し、方向づける場が生まれる。ワークショップの場は、いろんな領域の専門家と地元の多様な立場の人びとの間に相互に共通の興味・関心事が分かちあわれていく。参加者間の興味・関心（interesting）は、"inter-esse"「間－存在」の場所、間の場所という対話空間を生成する。対話空間としてのワークショップは、「人間関係の網の目」のなかで紡ぎだされる言葉のやりとりを通して実践知（プロネーシス）――理論知（ソフィア）と区別される――あるいは思慮（プルデンス）、さらには判断する洞察力（クリステヴァ 二〇〇六、九七－九八頁）が人びとの内側ににじみはじめる。

ワークショップという人びとの間のゆるやかな自由討議を通して、「人間存在の最高の可能性」としての活動・実践を謀《たくら》む論議がおのずからわきあがっていく。「游歩」的フィールドワークがもたらす、参加者が共に行動し話しあうことへの共感の世界は、ワークショップを決して形式的な討論やステレオタイプ化されたプログラムのなかに閉じさせない。それは、共に活動し共に語ることを通して地域の状況を方向づける活動・実践を謀むことの喜びを分かちあう状況をもたらす。そこにおいて「謀」は、決して悪事を謀略するのではなく、潜在している地域価値を発見し、継承し、問いかけ、思考し、活動する趣きを「謀む」ことである。

③讃――讃嘆しつつ喜びを分かちあう

フィールドワークを「游歩」的に行動し、ワークショップにおいて多様な参加者間の自由な話しあいの生きた流れのなかで、地域の未来の「趣き」の「謀み」が分かちあわれると、そのとき居合わせた人びとの間には地域の存在や価値や意味を新しい状況のもとで束ねる「共有可能な世界」の「趣き」を分有しえたことの喜びにひたりながら、相互に承認しかつ「讃」えあう関係が生成していく。「讃」えあうとともに、地域での実践活動に赴く志を人びとのなかにわきあがらせ、持続の力が人びとの間ににじみはじめる。

以上のように、「游歩謀讃」は、専門家と地域住民が共に地域環境を探検し、発見し、対話する体験共有空間としてのフィールドワークと、その体験共有をベースに触発されたアイディアを出しあい、そのぶつかりあいと相互浸透のなかから、新しい状況のなかで地域の価値を生かしていく実践知の現出空間としてのワークショップからなる。「游歩謀讃」は体験と思考と活動の融合であり、地域を新しい状況のもとに再編・生成させる「始まりにおける能力としての活動」（クリステヴァ 二〇〇六、一〇二頁）を創発する方法である。

「游歩謀讃」の方法のキーワードを、図1中の英文に求めてみると、

a. wandering　b. wondering　c. imasing の三つが浮上してくる。

すなわち、

wandering は、地域を共に歩き話しあいさまよう行動をし、

wondering は、いまだ見えないかぼそい価値や意味を発見する驚きの心を養ない、

imasing は、未来のあり方とその実現への方途を構想すること、

が「游歩謀讃」のコンセプトである。とりわけ「游歩謀讃」は、

"Imagination is the eye of the soul"

「想像力とは心の眼である」という視点をとりわけ大切にする。

想像力とは、不在のものを変形しつつ思い出す力、できあいの素材をもとにありうる形をイメージする力、時と場所の限定を思いのままに飛びこえる力（管 二〇〇五）である。「游歩謀讃」としてのフィールドワークショップは、そのようなイマジネーション・想像力を相互の行動と言葉を通して、これからの地域への関わり方の「おもむき」を発見し分かちあう場である（「おもむき」については後述する）。

ある活動の「おもむき」は、ある空間における協働行為を媒介にして生成する関係のなかから立ちあらわれてくる。「游歩謀讃」は多様な課題の、時には実践知を、時には理論知の新しさを開く「おもむき」を専門家・住民の立場を超えて参加者間で分かちあう技法である。

④社会に発信したいこと

このような新しい知を生みだす可能性をもった「游歩謀讃」としてのフィールドワークショップは、空間学の研究と実践に次のことを提起している。すなわち、近代的研究もフィールドワークとして遊歩を行うが、モダニティ論の遊歩者は、客観的「観察者」としての「認識論」の構図を示すのみである。また、都市の隠喩としての迷宮を論及したヴァルター・ベンヤミンの遊歩（「遊歩者」〔flâneur〕という言葉は、ベンヤミンの都市論に由来する。ベンヤミンは「都市に迷い、迷うなかで陶酔する遊歩者のもとに立ちあらわれる。都市のもう一つの現実、都市が垣間見せる無気味な〈迷宮〉としての次元」を捉えた）は、一人の「陶酔者」としての「存在論」的地平を示した（近森 二〇〇七、はしがき）。

それらに対して、フィールドワークショップの「游歩」（「遊歩」とせずに、ここでは「游歩」としているのは、次の考えによる。魚が水のなかを泳ぐような快さを分かちあえる楽しさは、自と他の身体配置の関係のなかに生成する。そのような環境のなかのヒト・モノ・コトの関係を楽しむ発想を強調するために「遊」ではなく「游」とした〔参考、桑子 一九九八、五一―一八頁〕）は、私とあなたが行動・言動・活動を共にする「空間的協働行為者」（co-player）として発見と相互触発過程を通して、新しい気づきと「おもむき」（意味＝感覚＝方向）の発案者（sense-finder）として、ヒト・モノ・コト・トキの関係を改変する「状況のデザイン論」を提起している。

三　「游歩謀讃」のコンセプト的キーワード

これまで述べてきたように「游歩謀讃」は、フィールドワークとワークショップの連続体である。しかし、単なる言葉の重ねあわせによる造語を超えて、そこには次のような生命のように大切にしたいコンセプトとしてのキーワードがひそんでいる。そのことへの気づきと自覚的実践の態度が、フィールドワークショップを空間学における新しい知的生産の方法に昇華しうる可能性をひらいていく。そこで、「游歩謀讃」をすすめるための基本的視点をあげつつ、そのことが同時に創発的方法の空間学のあり方を簡単に素描することとなる。今後に備えてフィールドワークショップのキーワードと学のあり方の視点を提起したい。

1　越境

創発的方法の空間学とその実現の手法の「游歩謀讃」アプローチは、各領域の自己のアイデンティティに固執しない姿勢、領域越境の身軽さを旨とする。そのことが、学の権威や正統を超える。ところで、空間学構築における内的原理としての越境とは何か。いささか唐突ではあるが、T・S・エリオットの『荒地』の一節を引用してみよう。

いつもあなたとならんで歩くあの人は誰なのか
数えると、あなたとわたししかいないのに
白い道の前方を見ると
きまってあなたのとなりにもうひとりは
茶色の外套に身を包み、頭巾をかぶってゆく
男か女かわからない
――あれは、あなたのとなりにいるあれは一体誰なのか

ここには「わたし」と「もうひとりのわたし」は、いつでも反転しうる関係にあることが表されている。『荒地』という詩は、「現代人の絶望と恐怖・救済と平安の根源に『わたし』というものの複数性を見ているのであり、そのことを多声による交響という方法でうたった詩なのである」（モダニズム研究会

二〇〇二、二二五、二二六頁)。「游歩謀讃」では、単独者としての「わたし」一人を超えて、発想・経験・立場の異なる主体の複数者が行動・言動を共にしつつ、他者の発話のなかに自己の新しい考えを発見し、他者を鏡にして新しい自己を映しだす意識の発芽を促す可能性をひらく。

多様な専門家と住民の応答を通して、複数の「わたしならざるもの」のざわめきを場に発信していくところに「游歩謀讃」の醍醐味がある。専門的知性と地域的知性と意思のひらかれた交流のなかから、「多声が織りなす交響空間への変貌」を生成する。そのことにフィールドワークショップと空間学の内的原理としての越境の意味がひそんでいる。

2　遊び／面白し

フィールドワークショップと創発の空間学は、合理性や機能性をないがしろにするものではないが、そのなかに閉じこもらずに自由な遊び心と面白いことへの自発的感性を大切にする。文献学や対象レベルを大切にしながらも、眼に見えない価値を探りだすことにおいて、必然的予定調和的プログラムのなかにとどまらない、遊び的要素のあるすすめ方は「偶然」と「即興」にあふれ、未知なるものに飛びこむ勇気をもって進行していく。

「人は『遊び』の中で完全に人間になる」(フリードリッヒ・シラー)

「人間はもともと遊ぶ存在＝ホモ・ルーデンスである」(ホイジンガ)

を引用するまでもなく、遊び(的体験・交流)を通して、固定的発想や常識の枠組みから解き放たれ、喜び、即興、笑い、感動、情熱を内側から湧きあがらせていく。その瞬間、想像力の翼がひろがるとともに、人間−環境系相互浸透関係の「新しい質」の創発が起こる。

「遊び」とともに「游歩謀讃」は「面白し」を内的原理とする（竹内二〇〇四、六六、六七頁）。「面白し」とはまず第一に、岩戸前に神に奏した神楽の遊びが納受される際に起きた言葉であるとされているように、トラブルを解きほぐしていく、先行きが見えない状況をひらいていくことを含意している。

それゆえ第二に、「面白し」は「闇黒」から「明白」への開放・転換の形容語であること。

第三に、それは「うれしき心」「歓喜」「微笑」といったものを内在させていること。

第四に、表現としての「面白し」は、第二、第三の契機を知るに客観的に捉えなおしたものであること。

こうした意味を孕む「面白し」を「游歩謀讃」のコンセプトと取り組み方のキーワードにすることは、創発的方法の空間学が目指すことからいえば当然のことである。すなわち、それは一定地域の問題解決の「おもむき」を発見し方向づけることにおいて、現実の暗闇状況に明るさを相互に分かちあえる創発の状況づくりにつなぐ楽しい実践知生産の方法であるからである。

3　空間配置・履歴・表現

「游歩謀讃」と創発の空間学は、人間と空間、主体と客体の二分法を超えて、これらの連続法の発想を重視する。その視点から「空間」の意味は次の三つである。

第一に「空間における身体の配置」（桑子 一九九八）である。認識する「わたし」はわたしの身体とまわりの空間との関係的な存在のなかで、状況のなかで大切なことに気づき自覚していく。桑子敏雄によってこの概念が提起された書物によれば、この関係を表現する代表歌として、

をしこめて秋の裏にしづむかな麓の夕霧の庭（式子内親王）

をあげている。これを通して筆者はデカルトの「わたしは考える、ゆえにわたしは存在する」という命題に対抗して、「わたしは雨に濡れる、ゆえにわたしは存在する」という主張を提示している。

フィールドワークショップでは、一定空間内での複数の人間のある出来事の共有体験によって、その出来事をそれにふさわしい名で呼ぶものたちになることによって「わたしたち」という紐帯や協働をつくることになる。空間における身体の、複数の身体のレイアウトに規定された出来事がヒト・モノ・コトの間のつながりの意味を察知させることにつながる。

第二に、「空間履歴の解読による価値の発見」である。「空間的身体存在としての人間は、空間と自己の身体との関わりを捉える能力をもつ。これをわたしは『感性』と理解した」と桑子は別の自著で述べている（桑子 二〇〇一、四七頁）。地域環境を共に歩きながらこうした感性を鋭く発揮してうたわれた歌の一つとして、

大和《やまと》は国の真秀《まほ》ろば
たたなづく青垣《あおがき》
山こもれる大和うるわし

がある。『古事記』に見られるこの国見の歌は、「青垣山こもれる」景観感覚が、歴史を通してひろく日本人の都市空間に対する共通のイメージとなっていったことをうかがわせる(川添 一九八五、一八、一九頁)。

『万葉集』巻六の「久邇の新しき京を讃むる歌」は、

現《あき》つ神　わご大君の
天の下　八島の中《うち》に
国はしも　多《さわ》にあれども
里はしも　多にあれども
山並の　宜しき国と
川波の　立ち合う郷《さと》と
山城の　鹿背山《かせやま》の際《ま》に　宮柱　太敷《ふとし》き奉《まつ》り

とうたっている。この「山並の　宜しき国と　川波の　立ち合う郷と」という表現は、日本の国土の空間構成・履歴の特徴を見事に映しこんでいる(川添 一九八五、一三、一四頁)。

また、深い文化と美しい自然との融合の思想を、西行は、

山ふかくさこそ心はかよふともすまであはれは知らんものかは

とうたっている。「住まうこと」に含まれる身体のあり方の重要性を端的に表現しているこの歌は、「身体が住むこと」は「心が澄むこと」へとつながり、心の落ちつきは、身体の置き所がしっかりして初

めて可能になり、身体・空間履歴のなかに地域に生きる価値が潜んでいることをうかがわせる(桑子二〇〇一、二二頁)。桑子は、西行と出会い、日本の文化的空間について思索した結果、環境と人間を橋わたしする概念として「空間の履歴」を見いだした。「この概念のもとで理解しようとしたのは、空間の履歴において人間の自らの履歴を続け、時間のなかに生き、人と出会い、そして世界と結ばれるという思想である」。「游歩謀讃」においては、空間の履歴の解読の創発がその成否の鍵をにぎっている。

第三に、「游歩謀讃」の空間理解は、「空間体験による感動表現と相互敬愛」である。空間体験・出来事が発する感動は瞬時に逃げていくが、それを表現することによって価値の気づきと意味づけがなされていく。表現は言葉による発話であったり、和歌詠みであったり、連歌によるコラボレーションであったり、絵画や映像など多様である。

フィールドワークショップにおいて、互いに生命へのいとおしみや美しいものに赴く心の発露や地域をめぐる多様な問題への気づいたことや触発された思いを、お互いにただ言い放しにするのではなく、その印象(impression)を言葉や絵画や映像などによって発話・発表(expression)していくうちに、表現・制作されたものの意味することが、人びとの心の中にrepresentation(表現・再現)されていく。

空間体験・表現の過程を共にすることを通して、人びとの間に共感の世界がひろがっていく。共感はどんなに短い時間であっても、人びとを心の慣習・常識から解き放ち、新しい価値や意味に触れさせてくれる。その瞬間、人びとの間にお互いをrespect(尊敬)する心がにじみはじめる。

「游歩謀讃」は、空間体験・表現・制作・評価・交流の流れる未来展望力のある活性的な思考を生むと共に、ヒトとヒトの間に相互敬愛の関係を生みだす。

4　おもむき／センス

創発的方法の空間学とフィールドワークショップでは、空間体験・表現の共有化の過程が生みだす新しい価値や意味に触れることを大切にする。その際の重要なキーワードは「おもむき」である。

オギュスタン・ベルクはすでに著書のなかでも論じていることであるが（ベルク 一九九四、一七三頁）、日本文化の空間学研究会（随処楽座）で、英語の sense とフランス語の sens と日本語の「おもむき」について語られた。英語の sense が「感覚」「意味」という二つの意味しかないのに、フランス語の sens には、それらに加えて「方向」という意味がある。日本語の「おもむき」「おもむく」には、この意味・感覚・方向に加えてもっとニュアンスの豊かさが込められている。

日本の「おもむき」は「面が向く」という、人がまわりの環境に向きあい、応答し、相互に作用しあいゆるやかに溶けあった関係、方向を含意している。

ヒト・モノ・コト・トキの間の多重のひらかれた応答過程において、常に「向き」を志すことが「おもむき」である。「おもむき」は、人間と環境の間の応答・循環関係を促すヒトの志を表している。「おもむき」は水や花や景色などについての感興を指し、「情趣、風情、おもしろみ、あじわい、趣味、雅致、おもむき」（『日本国語大辞典』小学館）を意味している。それは、効率性をきりはなすことができない機能性のある言語を超えて、事実的なものと感覚的なものの間のめぐりをよくする言葉である。

「おもむく」「おもむき」は、一人ひとりの主観とまわりの客観の間や、ヒトとヒト、ヒトとモノ、大宇宙（自然）と小宇宙（人間）との間に有機的な交感を感じとるsens、意識の方向感である。

5　詩的ロジカル

創発の計画学とそれを目指す「游歩謀讃」の過程でかわされる言葉は、reasonableな論理的に筋道立ったものであるとともに、「遊び」「面白し」「身体性」が発揮されるがゆえに「詩的ロジカル」な表現に至ることを目指したい。

詩という感性的なものと理性的・論理的なものとを峻別することが通常となっている現代にあって、「詩的ロジカル」というい方そのものが矛盾の結晶のように見えるかもしれないが、神話と歴史、記憶と想像力とがまたそうであるように、この両者はきりはなすことはできない（岡田二〇〇七、七二―七四頁）。

フランスのラボルド精神病院院長のジャン・ウリは、治療の根本として表現活動の過程を真正面から考察しているが、彼の言葉によれば「重要なのは循環（circulation）することです。やりたいことを探してうろつくことができることが重要なのです。自分とは違う人と出会うこと、そして活動して出あうことが重要なのです」。さらに、「自分の私的なこだわりを詩的に他者に開くインターアクションを呼びさます〈雰囲気〉を創ること」（三脇二〇〇六、一三二―一三九頁）が注視されている。このことはまさに「游歩謀讃」における「空間における身体の配置」「空間体験による感動表現と相互敬愛」のインターアクションを状況に応じて自由自在にひらいていくことと呼応している。

「人というのは一つの全体、アンサンブルです。星座のような人間関係の図……すべての人はそのような人間関係の縁といいますか、関係性のなか」で自己がひらかれ、自らの空間を形成し、地域に潜在している価値への気づきが分かちあわれていく。

生きるということは、自己が多様な他者(人間・自然)と状況づけられて出会う瞬間に生きることの「新しい質」が創発する。その感覚を対話の現場で生け捕りするようにすくいあげて言葉にすることは、結果においてその表現は詩的なものとなる。「詩が根本的に、他者と本質的に言葉によって繊細につながりあいたいというロマンティシズムである限り」(河津二〇〇七)、「游歩謀讃」の現場での応答過程に内在する意味の発見とそれに一定の言葉を与えていくことは、「詩的ロジカル」なものに近づいていく可能性を秘めている。

話はいささか飛躍するが、「詩的ロジカル」とは、まるでパブロ・カザルスの弾くバッハの無伴奏チェロ組曲の世界のようだ。カザルスは子ども時代のふるさとの鳥の声に心を動かされ、道ゆく村人たちの歌に喜びを感じていたが、一三歳のときから一二年間バッハのチェロ組曲の合理的な奏法を開拓し、心が澄みわたる最高の感性的表現をものにした(大木「パブロ・カザロス」)。

「游歩謀讃」フィールドワークショップは、西行の「あはれ」やバッハの「音楽詩」のような感動を伴った感性的理性的認識を分かちあう場でありたいといえば、学的研究とアートの楽しみの混同といわれるかもしれない。いやむしろ「游歩謀讃」は、アート的感動を伴う理知の獲得の場なのだと思う。

6　実践知

フィールドワークショップと創発の空間学は、専門家と素人、研究者と住民といったヒエラルキー的な二分法よりも、研究者と地域の多様な人びととの間の垣根をとり払った水平的関係を尊重する。加えて学問領域の諸学連携を図る。そのことによって、空間の履歴の解読・解釈の応答を通して、かもし出されてくるいまだ弱々しい価値や意味をすくいあげて、地域の置かれている状況の困難さを乗りこえていく「おもむき」（意味＝感覚＝方向）を察知する実践知をふくらませていく。

「游歩謀讃」は決して理論知を軽んずるものではなく、それを磨いていくことを前提にしつつ、実践的智恵を鍛えていく。実践的智恵とは何か。現実の地域には法律・制度による事業が先行していくことにより、地域住民が本来大切にしてきている地域の「しあわせ」をないがしろにするケースが起こりがちである。このような対立の構図が起こったとき、すなわち、法を尊重することと、人格を尊重することが両立しない場合、地域の本来的価値を重視する人格の尊重を優先させることを実践的智恵という（リクール　一九九六、四四四頁）。

「何を目指すのか」「何が大切なことか」といった「実践」に内在する目的論を昇格させるものが「善い生き方」である。この生き方は地域住民およびよそからの専門家たちが「共に生きる」ことを伴う（リクール　一九九六、四四三頁）。「幸福な人びとは友を必要とする」とアリストテレスはいったが、自己のよりよい生き方は、他者のよりより生き方とのつながりのなかに成立する。「游歩謀讃」は地域の多様なステークホルダーと専門家・研究者とが、お互いにフレンドシップ・友愛関係を紡ぐ過程をたどるとき、地域に生きる、地域が生きる真の「しあわせ」を分かちあうことになる。

四　しなやかな文化、したたかな研究創造へ

創発的方法の空間学には、たゆまず「文化」が関わっている。ところで文化とは何か。それは一般的には「習慣や風習や実践やノウハウや知識や規則・規範やタブーや戦略や信仰・思想・価値・神話の総体から成り立っている。そして、この総体が世代を超えて永続し、各個人のなかに再生産され、社会的複雑性を生成し、再生成する」ものである（モラン 二〇〇六、一八頁）。

創発の空間学でいう文化もそのような社会的複雑性として、保存・移譲・学習されるデータとして蓄積されている客観資料を可能な限り活用する。あわせて空間学で重要するのは文化の内実を決めているのは人間存在と地域価値であるという視点である。地域の人びとがどのように生きるか、地域環境に内在する価値とは何かを再認識することによって、真の文化の保全・育成・再生がある。「神話が人間精神のなかの非常に深い何かから生まれる」（モラン 二〇〇六、二九頁）ことはそのような認識ともつながっている。「游歩謀讃」の試みを通して構築していく創発的空間学ではそのことへの考察の視野をひろげつつ、現代の複雑きわまりない地域社会の状況を解きほぐし、次なる展開を方向づける「おもむき」の発見を促す。

ところで、これまで述べてきた「游歩謀讃」の未知の冒険のプロセスを四行詩風に束ねてみて、その「詩的ロジカル」な成り立ちの要点を示し今後に備えたい。

有縁游歩

協働表現

謀案構想

讃互交響

縦に一行ずつひろってみると、

ご縁があって集まった多様な人びとで地域を探検・ウォッチングをする

相互触発しあう関係から地域の価値構造への「おもむき」を言葉で表現する

未来展望力のある活性的な思考と実践を構想する

一連の過程を讃えあい多声がおりなす交響空間を分かちあう

このような体験・表現・交響そしてその持続が、「価値実現の意志は文化への意志である」という意味でのしなやかな文化創造と、したたかな研究創造の同時進行を生みだしていく。

五　合意の文化の場づくり——トピック・コメントの試み

フィールドワークショップの具体的試みとしては、佐賀でのシンポジウムに基づく本書の第二部がその内容をあらわしている。その経験を通して、筆者が当日現場で感じたこととキーワードを取りあげつつ、「游歩謀議」がささやかな合意の文化の場づくりであることを示しておきたい。

1　「感じる主体」づくり

「環有明海環境フィールドワークショップ」は、感動的な祭礼体験から談論風発の対話に至るまで、触発されることの多いひとときであった。小生は、この日の朝から夕方までの一連の動き——地域の人びとと船で大川を下り有明海の干潮のときに、海底で「竜宮城」体験をした等のフィールドワーク——に身をおき、それに引きつづくワークショップでの多様な発話に耳を傾けつつ、その場の流れが喚起した共感を呼んだ中味をキーワードとしてすくいあげ、この日の出来事の結びとした。

以下にあげるキーワードは、これだけを読むとやや意味不明な説明不十分なところがあるが、場の経験を共有した人びとの間には、無味乾燥な「情報」を超えて、ある種の共感をよぶ「情意」を分かちあえたのではないかと思う。参加者の間の話し合いの多様な話題に潜む共感を呼んだことを概念化する、コメントする、意味づけすること、それを「トピック・コメント」(話題の意味することを束ねる、提題・結題)と呼ぶならば、「トピック・コメンテイター」は対話の場の意味づけ者である。

地域の課題を解きほぐし、方向性を発見・共有していくためには、活動と対話の場を共にしながら「感じる主体」を呼びさますことが肝要である。対話と協働のまちづくりの現場で共感を呼ぶ合意づくりのためには「感じる主体」づくりが重要であるが、筆者はそのための一手法として「トピック・コメント」を位置づけ、自ら「トピック・コメンテイター」たらんとしている。

したがって、以下のキーワードは、第一に、主題をめぐる概念や今後の重要課題を整理したものであり（その内容の深さと広がりは、他の論者たちのまとめに記されている）、第二に、地域での合意の文化の場づくりに向けての技法としてのトピック・コメントのまとめ方の具体例を示したものである。

2　ふるさととしての地域再生のキーワード

参加者間の多様で熱い論議の合い間に響きわたったキーワードを、アドリブで次のように板書した（図2）。

①風土に潜むカミ・ヒト・モノ・コトの相互作用の履歴の解読と継承
——「風」の人と「土」の人の共感を呼ぶ交流と相互触発によって、山・川・海の空間構造の価値を読む
——海の幸と山の幸の結節点としての大川から「ウミタマ」をいただきにいく祭礼
②うきうきわくわくの祭は〈カヒモコの命《みこと》*〉を未来につなぐパフォーマンス
——沖詣り海神祭は、身体行為によるメッセージの伝承である

――身体行為は三次元空間認識によっては見ることができない

――高次元空間を場にいるもの同士で分かちあえる

＊「カミ・ヒト・モノ・コトの相互作用」のことを「カヒモコの命」と呼ぶ――これは当日の対話と　応答のなかから見え隠れしてきた「何か」にアドリブでこのような表現を与えられて生まれた新しい言葉である。

③ロマンあふれる〈カヒモコの命〉の物語を今に生かし新たな物語を紡ぐ

――海・川・山の地域間の交流・交易等、地域の記憶の物語を紡ぐ

――「竜宮」からの視点の物語を今に生かす

④うまく計算される一般形よりも、自然（水・石・緑など）と応答しつつ按配のよい固有の形づくり

――形式知（近代技術）よりも暗黙知（伝統技術）を大切に

――防災技術に加えて減災技術を大切に

⑤具合のいいマネジメントは、お世話役と自然見守りと空間体験の育みから

――「宮乙名」や「番所」の伝統的しくみの継承

――「有明海子ども竜宮城体験プロジェクト」の実現

⑥うっとうしい紛争を超えるのは、無限の想像力、感謝の力、笑いの力

――トラブルをエネルギーにする

――創造的提案力をきたえる

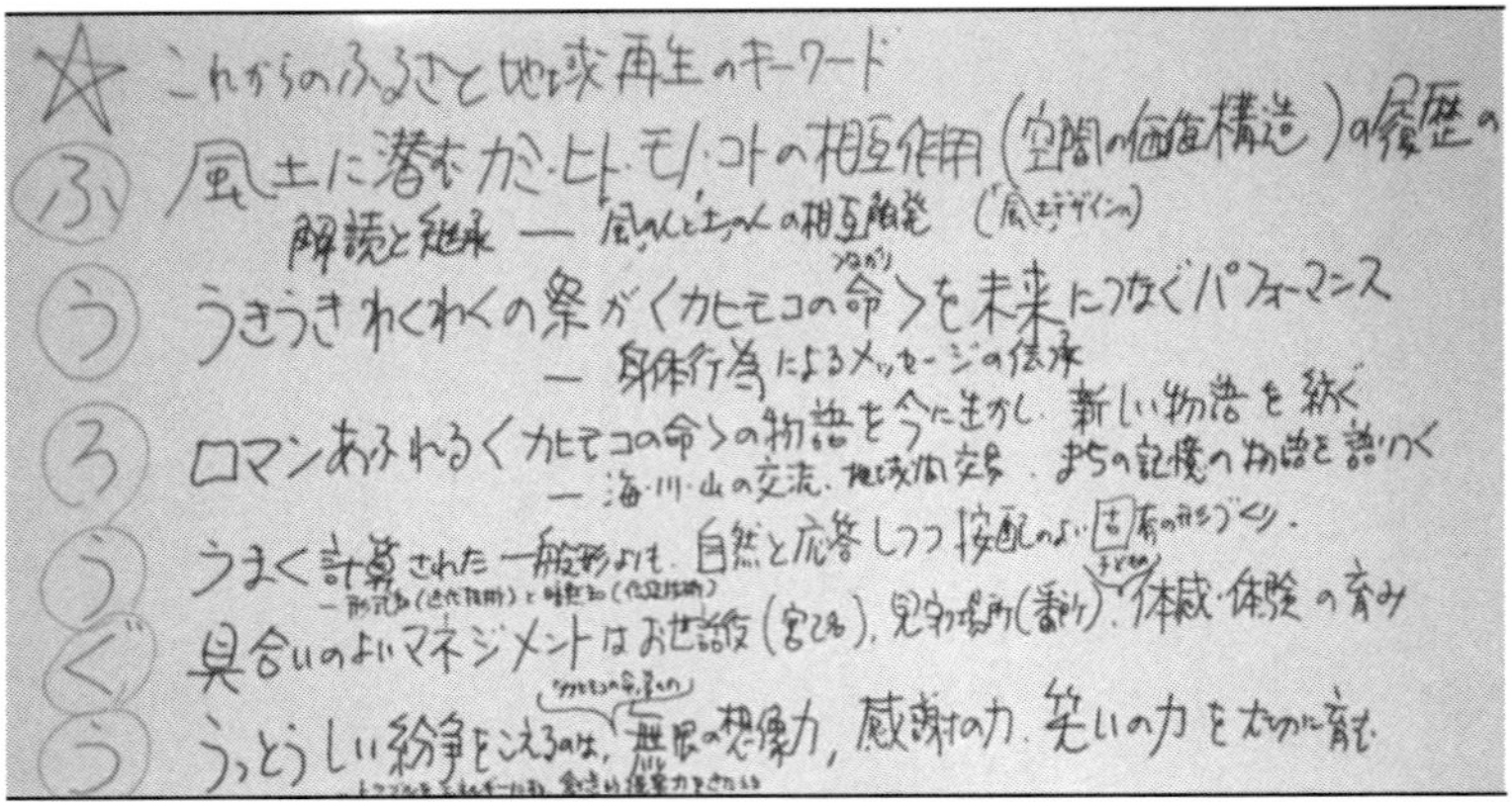

図２　「環有明海環境フィールドワークショップ」でのトピック・コメント

3　合意の文化の場づくり

ところで、これらの六つのキーワードの頭文字を縦に読んでみると

ふ・う・ろ・う・ぐ・う／風浪宮

となる。このように「頭韻」をふんでいることが分かった途端に会場には笑いと拍手が起こった。韻のふみ方は、地名であったり別の鍵概念であったり、状況によってさまざまである。いずれにせよこのような臨場感あふれるまとめとしての提案・結論によって、「わたしたちの風浪宮沖まいり海神祭」の価値や意味が映しだされていることが認識され、そしてそれらを今後持続的に考え、活動していく方向性が参加者間に直感されていった。

対話の現場において「出来事の概念化・話題の意味づけ」としての「トピック・コメント」の実践は、合意の文化の場づくりにつながるのではなかろうか。今後も機会あるごとに試してみたいと思うとともに、今回のまとめの試みが地元での持続的活動と創造的対話につながっていくことを願う。

おわりに

かつてルイス・マンフォードは、新しい都市の社会的基礎の構築にあたり、

建築家は整然とした正確な計画の助けをかりて、あまたの技能・技法・技術を結合させ、建設という行為において、われわれが社会で大規模に追求している知的協力の見本をつくりあげているのである。計画という概念そのものは、技師の調整的技術を別にすれば、他の何よりもこのような技術に多くを負っている（マンフォード 一九七四、四〇一頁）。

あたらしい状況のもとでは、社会的合意形成にもとづく創造的空間の計画的改変は決して一つの専門職能ではなしえない。自然と人工、人間と社会、伝統と未来などの複雑きわまりない地域の社会的基礎の再編にあたり、そして「游歩謀讃」による未来展望力のある活性的な思考と実践のみずみずしい流れを生みだすためには、専門知と生活知の結合、研究者と地域住民と行政の協働、専門分野も哲学・風土学から建築・土木など文理融合の状況づくりの創発的知的協働をゆるやかに方向づける弱いナビゲーターの存在が待たれている。

二一世紀は、住民・専門家・行政の協働の地域文化創発の時代となることを目指して、「游歩謀讃」の実践・研究の機会を重ねていきたい。

参考文献

延藤安弘（二〇〇一）、『「まち育て」を育む—対話と協働のデザイン』東京大学出版会。

大木正興「パブロ・カザルス」『ベートーヴェン・チェロソナタ全集』TOCE-6219-20.

岡田温司（二〇〇七）、「『弱い学』の方へ」『表象』一号、月曜社。

川添登（一九八五）、『都市空間と文化』岩波書店。

河津聖恵（二〇〇七）、『ルリアンス—他者と共にある詩』思潮社。

ジュリア・クリステヴァ著、松葉祥一他訳（二〇〇六）、『ハンナ・アーレント—〈生〉は一つのナラティヴである』作品社。

桑子敏雄（一九九八）、『空間と身体—新しい哲学への出発』東信堂。

同（二〇〇一）、『感性の哲学』日本放送出版協会。

同（二〇〇三）、『風景のなかの環境哲学』東京大学出版会

管啓次郎（二〇〇五）、『オムニフォン—〈世界の響き〉の詩学』岩波書店。

竹内聖一（二〇〇四）、『「おのずから」と「みずから」日本思想の基層』春秋社。

近森高明（二〇〇七）、『ベンヤミンの迷宮都市—都市のモダニティと陶酔体験』世界思想社。

オギュスタン・ベルク著、三宅京子訳（一九九四）、『風土としての地球』筑摩書房。

ルイス・マンフォード著、生田勉訳（一九七四）、『都市の文化』鹿島出版会。

三脇康生（二〇〇六）、「詩的ロジックとは何か」『日常を変える！　クリエイティブアクション』フィルムアート社。

モダニズム研究会（二〇〇二）、『表象からの越境』人文書院。

エドガール・モラン著、大津真作訳（二〇〇六）、『方法5—人間の証明』法政大学出版局。

ポール・リクール著、久保博訳（一九九六）、『他者のような自己自身』法政大学出版局。

第三章　スケッチ道場へ　ようこそ

――記憶・伝達の手法としてのスケッチ術入門

片寄　俊秀

一　知的生産の技術

フィールドワークショップの手法は、今まさに開発段階にあって、わがフィールドワーカーたちは個人的にそれぞれさまざまな工夫を凝らしている。多くはメモ魔というべきか、それぞれ形式の異なるフィールドノートに克明にメモをとっておられるが、何をどのようにメモっているのかその内容が公開されることはめったにない。

やがて、そのメモをもとにしっかりとした内容の論文が世に出されるのであるから、後継を目指すワーカーとしてはそのノーハウが気になるところではある。カメラやムービーカメラ、あるいはレコーダーなどで克明に記録している人も多いが、何をどのように記録すべきか、またそれをどう整理するのかというのもまた大切なノーハウでありながら、ほとんど誰も公開してくれない。

的確な情報を短時間に効果的に収集するための、たとえば地元の関係者や関係先の選定とコンタクトの取り方、あるいは人びとと接したときのヒアリングの手法なども大切なノーハウである。たとえばディズニーランドの従業員の心得とされる、子どもに話を聞くときはしゃがみ込んで相手と同じ目線で語りかけるとか、よくいわれる情報収集における四つのW、一つのHとかの類であるが、もう少し踏み込んだノーハウを知りたい。じつは、わたしがもっとも知りたいことの一つは、現場で発見したことがらや感じたこと考察したことを素早く文章にまとめたり、あるいは漢詩ふうの文字列にさらさらと整理するわがフィールドワーカーたちの神秘的ともいうべき異様な能力ないしは頭の構造であるが、もっともそのノーハウを知ったとしても、それを適応するだけの能力が自分に備わっていなければ無意味かもしれない。

従来、このようなノーハウやコツや手法については、それぞれの研究者がそれぞれの能力や経験を踏まえて個人的に蓄積してきたことであって、それを習得するにはいわば徒弟奉公的に「先輩の芸を盗む」以外にないとされてきた。しかし、これでは共同研究であるフィールドワークショップを展開する上で作業効率が悪いし、また研究の継続的な発展も望めない。すなわち梅棹忠夫が早くに指摘されたように、一九六九年に出版された同氏の著書のタイトルであるこれらの「知的生産の技術」は、後続するワーカーたちの基礎的な素養として公開され、しかるべき方法で的確に習得した上で、それぞれがさらに独自に展開し、またそれを公開して大衆的に発展させていくという方向が望ましいように思う。

本稿は、以上のような目的で、現場において的確に素早く情報を収集するためにわたしが展開してきた「早描きスケッチ」の手法を公開してみようというわけであるが、本音としては、これまでわたしがまったく個人的に蓄積してきた手法に、はたしてどれほどの一般性があるのかについて大いに心許ないし、他人に見せるほど絵がうまいわけでもなく、ほとんど描きなぐりである。そこを思い切って突破してみようというのだから、わたしの行為自体も一種のフィールドワークショップの実践といえるかもしれない。

二　早描きのコツ

世にスケッチは苦手だ、という人は多く、なかでもフィールドにおいて多くの人目のあるなかで堂々とスケッチするには、ある種の度胸が必要であるし、集団で移動の途中において、一人だけスケッチに時間をとることはなかなか許されない。そこでおすすめは「早描き」である。自分でいうのも何だがわたしの早描きはかなりなもので、急ぐときには三秒ぐらいでささっと描いて、それがあとで結構役に立つ。

わたしの師匠であり希有のフィールドワーカーであった西山夘三先生(故人・住まいの研究者)は、フィールドワーカーにとってカメラとスケッチブックは侍の大小の刀のようなものだと常々語っておられ、わたしはその教えを忠実に守って、この二つはいつも携帯している。

まず描くための道具として、スケッチブックとペンを「選ぶ」必要がある。わたしの愛用はペンテルの水性サインペン（一本一〇〇円ぐらい）と普通のボールペン。それにマルマン製の布製カバーのB5サイズで七〇ページのノート型のスケッチブックである。あとは小さな固形の水彩絵具ケース。原則としてフィールドごとに別のスケッチブックを用意し、毎回使い切るようにしている。このスケッチブックはフィールドノートを兼ねており、そこには絵だけではなく、ヒアリングの内容、感想や考えついたことなども随時書き込んでいる。他人に見せるつもりがなく、ほとんどなぐり書きのため、しばしば自分の字すら読めないときがある。

現地ではまずデジタルカメラで写真もとる。一方でスケッチブックを開いて、気になった部分から描きはじめる。スケッチは時間がかかると思っている人が多いが、じつは写真のほうが長時間かかる場合が多い。つまりカメラを構えても日射しとか、邪魔なものとか、構図とかを考えている暇に、スケッチは必要な部分だけ描けばいいし、角度的に見えない部分は、そこまで見に行って描き足せばいい。

逆光などほとんど気にならない。写真の人はたいがい電柱や電線が大嫌いだが、スケッチ屋にはさして邪魔にならない。嫌なら描かなければいいし、ちょっと寂しいなと思ったら電線を描き入れると、俄然絵に生活感がにじみ出てくる。まさに自由自在。だからスケッチは嘘が多いといえばそうだが、写真だって、アングル次第でいくらでも嘘になる。何が「真」で何がそうでないかは、写したり描いたりする側の姿勢一つというべきであろう。

早描きのための修練は、ただひたすら数を描くことであると信じている。だいたい一〇〇〇枚ぐらい描いてみると、かなり自由に手が動くようになるものだ。それにはボールペンも悪くはないが、やはりサインペンが使いやすい。できるだけ正確に描こうと、鉛筆で描いて消しゴムで修正したりしていると時間がかかって嫌になる。別に他人に見せるわけでなければ、多少の間違いなど気にする必要もないし、自分にとって必要な箇所だけ描くことにすれば、画面を埋める必要などさらさらない。サインペンは消すことができないので、思い切って描くうちに度胸がついてきて、早く数を描くことができる。

一〇〇〇枚といえば大変なようだが、画学生たちはときに一日一〇〇枚スケッチという修業をすることもあるそうだし、小さな画用紙ならサインペンで一〇〇枚ぐらい簡単なものだ。そのペースで一〇日で一〇〇〇枚、つまりたった一〇日で結構うまくなるという計算になる。

三　描くと覚える、細部が見える

わたしの場合、カメラのシャッターを押した瞬間にそのシーンのことを忘れてしまうように思えてならない。昔の写真を見て、それがいつ、どこであったかを確定できない場合があまりにも多いのだ。それにひきかえ、たとえ三秒間スケッチでも、自分の手を動かして描いた場面のことはかなりよく記憶に残っている。

もう何千枚も描いてきたと思うのだが、大昔に描いたスケッチでも、見た瞬間にどこで描いたか、そのときの気温や風の状態やにおいや町の音、同行者のこと、その日何を食べたか、どのような会話が交わされたかなどの記憶が一気に甦る場合が多い。手を動かすことで脳に相当な刺激が加わり、刻みこまれたのであろうか。

また、建築を学ぶ人間にはスケッチを課する教育機関が多いが、それはとくに細部をよく観察する癖がつくからであろうと思う。じっさい建物などを描いていると、おやここにこんな工夫がとか、これはうまく納めているなあとか、そこで得た知識やアイディアがつぎに自分がデザインをするときに、確実に役に立つというわけだ。

会議やシンポジウムのときのわたしのメモには、しばしばその発言者の似顔絵がつく。似顔絵はたいへん難しく、似ていない場合が多いし、あまり似すぎると機嫌が悪い場合が多いので当人にはめったに見せないが、髪の毛が長かったか、眼鏡をかけていたかなど、およその輪郭を描いておくと、ああこの人だったと容易に思いだすことができる。長い演説などの場合には、退屈しのぎや眠気覚ましにもなる。そういうときに、手をこまめに動かしてトレーニングの時間をつくりだすのである。

四　コミュニケーション・ツールとして

見知らぬ土地では、スケッチはコミュニケーションのための有効な手段として使える。むかし、言葉のまったく通じぬ国で、伝統的な踊りの集団にカメラを向けたときに、怒った群衆に取り囲まれたことがある。それ以来カメラで人間を撮れなくなった。たしかにカメラは何を写されたかが見えぬ薄気味悪い面があって、相手に好かれない場合が多いのだ。

それにひきかえスケッチは何をしているかが相手によく分かり、好意的に対応してもらえる場合が多い。絵描きはビンボーというのは世界の常識のようで、スケッチのおかげで土地の人にごちそうになったりしたこともしばしばある。ドイツ語のまったくできないわたしであるが、ある町のワイン祭りを取材したときには、周りの人びとの様子をスケッチすることで、あっというまにその場の雰囲気にとけこむことができた。皆からどんどんついでもらったし、ついには一緒に踊るというとびきり楽しいひと時を過ごせたのも、スケッチのおかげである。こういう好意的なインフォーマントを獲得することはフィールドワークにおける鉄則であり、つぎなる展開につながる。スケッチの有効性を確信した次第である。

わが国では下町や田舎町でスケッチしていると、以前はよく子どもたちが寄ってきて、すぐ仲良しになり、彼らから地域の情報をいろいろ入手することができたが、最近では少子化と見知らぬおじさんと話をするのは禁じられているとかで、そういう機会が極端に減っているような気がする。それにひきかえ、海外とくにアジア、アフリカ、ラテンアメリカなどの子だくさんの国々では、スケッチブックを開いていると、どこからともなくたくさんの子どもたちが現れて、人なつっこく接してくれるので楽しい。このようにスケッチは言葉を介さぬコミュニケーション・ツールとして、かなり使い勝手がよいと思う。

近年のわが国では、年配者のほうがよく近寄ってこられる。興味深いのはその質問内容である。この絵はどこから描きはじめるのですか、とか、そのペンはどういうものですか、どこで売っていますか、といったまさにノーハウについての具体的な質問がくる。つまり彼ら自身がスケッチの初心者であり、こういう人とはすぐうち解けて語りあえる。地域の情報を得るのに、役所の資料などの収集も大切であるが、このように住民から直接情報を得る手段としてもスケッチはかなり有効であり、フィールドワーカーに必須の技術といえるかもしれない。

五　描きながら未来を構想する

スケッチをしながら、その対象空間の未来について思いをめぐらすのも楽しい。たとえば高架道路が覆いかぶさっている東京の日本橋や常磐橋のあたりをスケッチしながら、この高架道路を取り払ってしまったらどうなるかを考える。

コンクリート三面張りにされてしまった哀れな水路の風景を描きながら、そこに自然復元の手法を取り入れるとどのような風景に変わるかを考える。考えるだけではなく、それを具体的に提案のための想像図として描いてみる。歴史的な町並みのなかにある醜い広告塔や、背景の美しい景観を台無しにしている高層建築を取り払ったらどうなるか。あるいは、その景観にふさわしい建物としてはどのようなデザインがありうるか。ボリュームや形をいろいろに変化させて、これぐらいならまあいいか、とか、思い切ってこうすればなどと考察を重ねる。

眼前の現実の空間を見ながら、そこに未来の空間を想定して対案の姿を描いてみるというのは、なかなかスリリングな経験であるが、コンピューターで写真を合成してシミュレーション画像をつくるのとはひと味違った手法であり、手描きでソフトなタッチからは、より柔軟な発想が生まれるような気がする。

わが国の乱雑な都市景観を、なんとかもっと美しくしたいものだという気持ちは誰にもあるが、といって「美しい国づくり」などと権力の側から美しさが論じられる風潮には警戒が必要である。美しさの追求が、社会的に弱い層へのしわ寄せとなる場合がしばしば起こるからである。

歴史的な都市、たとえばパリの整然とした美しさを形づくったのは、強大なる権力が都市を支配していたからであった。民主主義の現代において、あのような整然とした都市景観を形成することは明らかに困難である。むしろ混沌としたなかに独特の美しさをいかに追求するかがテーマであると思う。つまり民主主義時代の都市景観形成のあり方については、まだ誰も答えをもっていない。どんな町でも、どこかにキラリと光るポイントがあり、そういう場をうまくつないでいくことで魅力的なまちへと見事に変身させることができるのではないかと思う。

スケッチの効用として、いろいろな風景を描いているうちに、景観についての目が肥えるということがある。だからスケッチをする人の数が増えると、それだけ目の肥えた市民が増えることになるし、多くのまなざしがまちを見つめることで、これはというポイントの個所数も増えてくる。整然とはしていないが、絵になる風景が至るところにちりばめられているような変化に富んだ楽しい町の姿。そういう未来像を実現するためには、スケッチ人口をどんどん増やす運動が有効ではないだろうか。そのための「スケッチ道場」を開いてみたい。

六　スケッチの効用

最後に、とっておきのスケッチの効用として、老眼の予防効果ないしは緩和効果があるのではないか、というわたしの確信するところを述べておきたい。医学的に証明されたわけではないが、わたしは目が疲れたときに野外スケッチに行くと、目がすっきりとして元気になる。遠くの景色を見て、眼前の画用紙に描くスケッチの過程で、おそらく眼球が激しく収縮運動をし、それが目を蘇らせるのではないかと思う。若いときから遠視気味で、あなたは三〇歳代で老眼になるよといわれながら、今なお裸眼で新聞が読めるのには、長年のスケッチによる目の鍛錬が効いているのではないかとひそかに思っている。とくに若い人たちには早めに始めることお勧めしておきたいスケッチの効用である。

参考文献

梅棹忠夫（一九六九）、『知的生産の技術』岩波新書。

七　フィールドノートより

スケッチブック型の
フィールドノート

立花のノーハウのメモ

新潟県山古志村の手掘りトンネルの歴史を語るモグラ村長

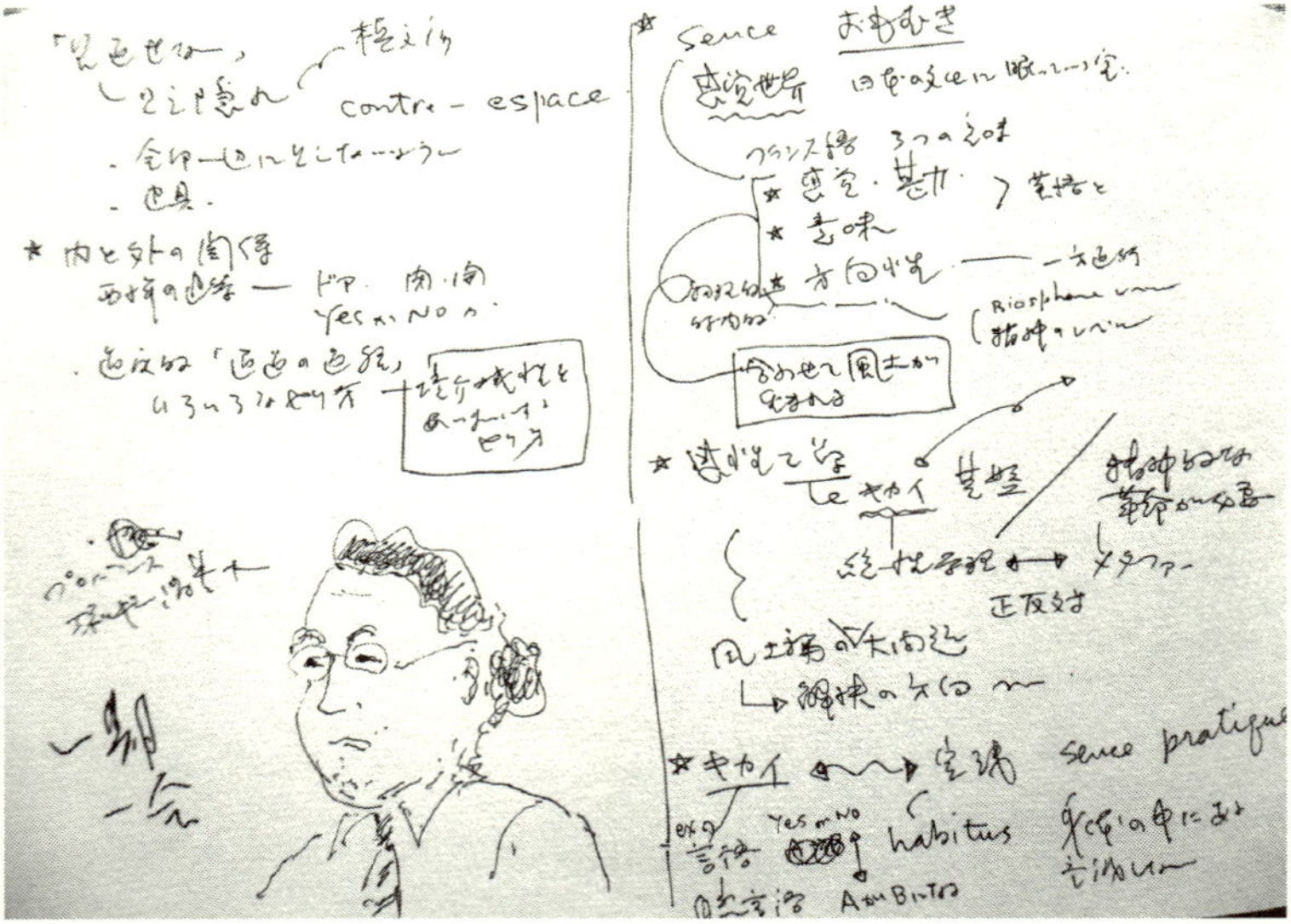

シンポジウムのメモ

佐賀県天狗の鼻（江戸時代の治水工法）

パリ・セーヌ川にて２題

←東京・常盤橋に覆い被さった高架道路

日本橋の上から高架道路が消えたらこうなる　↓

有明海にて 3 題。龍神さまと風浪宮の祭礼、
そして春の潮干狩り（干満差 6 メートル）

第四章　日本の川と風土

桑子　敏雄

一　風土とは何か

「多自然川づくり基本指針」は、二〇〇六年一〇月に国土交通省河川局によって策定された。ほぼ同時に、同局によって発表されたのが河川景観ガイドライン「河川景観の形成と保全の考え方」である。この二つの重要な文書の発表とともに、日本の川づくりは、まったく新しい時代に入った。このことを日本の川を愛するすべての人びととともに喜びたいと思う。

「多自然川づくり基本指針」には、二一世紀の川づくりにとって大切なポイントがいくつも含まれている。川の生態系の豊かさや景観への配慮なども重要な点だが、なかでも注目すべきなのは、「地域の暮らしや文化」という視点が河川整備に不可欠なものとして認識され、組み込まれたことである。

たしかに、基本指針に多様な視点が組み込まれたことは評価すべき点である。しかし、こうした多様な視点を謳うのは容易だが、その意味は限りなく深いので、その意味を掘り起こし、議論し、共有して、それを具体的に実行する過程が必要である。なぜなら、河川整備に関わるすべての人びとにとって、こうした理念をどんな場面でも実行できるようになることは、具体化する実践なしには困難だからである。

いま述べたように、基本指針を具体的な河川整備に生かすためには、その多様な含みを深く理解する必要がある。わたしに与えられたテーマは、「日本の川と風土」である。このテーマには、「日本の川について考えるためには、日本の風土との関係を見なければならない」という思いが含まれているであろう。わたしの役目は、「多自然川づくり」ということの意味を理解するという仕事に、「風土」の視点から取り組むことである。

「風土」ということばで、まずわたしたちが思い起こすのは、日本の二つの古典、古代日本の風土の報告書である『風土記』と和辻哲郎の哲学書『風土』である。

『古事記』『日本書紀』と並んで、わが国でもっとも古い書物の一つ、『風土記』は、日本最古の地誌である。『風土記』のなかで、完全に伝えられているのは、「出雲風土記」ただ一つである。そのなかに、つぎのような文章がある。

出雲の大川は、源、伯耆と出雲と二つの國の堺なる鳥上山《とりかみやま》より流れて、仁多の郡横田の村に出て、すなわち横田、三處《みところ》、三澤《みつさわ》、布勢等の四つの郷を経て、大原の郡の堺なる引沼《ひきぬ》の村に出て、即ち、木次《きすき》、斐伊、屋代、神原《かむはら》等の四つの郷を経て、出雲の郡なる多義《たぎ》の村に出て、河内、出雲の二つの郷を経、北に流れ、更に折れて西に流れ、すなわち伊努、杵築の二つの郷を経て、神門の水海に入る。此はいはゆる斐伊の河の下なり。河の西邊は、或るは土地豊饒《ゆたか》に、土穀《たなつもの》、桑、麻、稔り枝垂り、百姓の膏腴《こうゆ》の薗＊なり。或るは土休く豊沃《ゆたか》にして草木叢《むらが》り生ひたり。すなわち、年魚《あゆ》、鮭、摩須、伊具比《いぐい》、魴《なよし》、鱧《はも》等の類あり。潭湍《ふちせ》に雙び泳ぎ、河口より河上の横田の村に至るまでの間、五つの郡の百姓、河に便《よ》りて居る。孟春より起りて季春に至るまで、材木を□《こう》する（はこぶ）船、河中を沿泝《のぼりくだ》る。

（『風土記』一九二七、一三八頁）

＊膏腴の薗＝肥沃な土地

ここに描かれているのは、斐伊川《ひいかわ》流域の風土である。叙述されるのは、斐伊川の流れだけではない。そこで営まれる人びとの暮らし、集落の様子、川の恵みによって生きる人びとの営みも描かれる。古代から斐伊川が船の行き来でにぎわっていたことを描き出している。

『風土記』は、自然環境だけでなく、人間の営みも併せて描いていた。「風土」ということばは、自然環境だけでもなく、あるいは人間の生活だけでもない。あるいは、自然と人間の営みを「合わせたもの」でもない。このことがまさに「風土」ということばの意味であることを論じたのが、和辻哲郎の『風土』である。和辻は、「風土」をつぎのように捉えている。

ここに風土と呼ぶのは、土地の気候、気象、地質、地味、地形、景観などの総称である。それは古くは水土とも言われている。人間の環境としての自然を地水火風として把捉した古代の自然観がこれらの概念の背後にひそんでいるのであろう。しかしそれを「自然」として問題とせず「風土」として考察しようとすることには相当の理由がある。（和辻 一九七九、九頁）

和辻が「相当の理由」と言っているのは、何のことだろうか。前の引用文は、『風土』の本文の冒頭であるが、和辻は、これに先立つ「序言」をつぎのように始めている。

この書の目指すところは人間存在の構造契機としての風土性を明らかにすることである。だからここでは自然環境がいかに人間生活を規定するかということが問題なのではない。通例自然環境と考えられているものは、人間の風土性を具体的地盤として、そこから対象的に解放され来たったものである。かかるものと人間生活との関係を考えるという時には、人間生活そのものもすでに対象化せられている。従ってそれは対象と対象との間の関係を考察する立場であって、主体的な人間存在にかかわる立場ではない。我々の問題は後者に存する。たといここで風土的形象が絶えず問題とせられているとしても、それは主体的な人間存在の表現としてであって、いわゆる自然環境としてではない。（和辻 一九七九、三頁）

和辻哲郎は、環境世界に関わる人間の主体性の表現として風土を捉えることが人間存在の風土性を明らかにすることだというのである。和辻の「人間存在の構造契機」ということばに触発されて深い思索を展開しているオギュスタン・ベルクは、つぎのように述べている。

……物の存在論を考えると、存在の風土的なあり方は、まさに現実そのものであり、これはほんらいの意味で客観的なものでも、ほんらいの意味で主観的なものでもないことを認めざるをえなくなる。このあり方をわたしは通態性と呼ぶ。鉛筆のあり方は通態的であり、風土にあるすべての物の存在は通態的である。通態的であるということは、主観的なものと客観的なものが重なっているということであり、必然的なものとして物質的な場を想定しながらも、これを超えているということである。同じように、風土は物質的であるとともに非物質的であり、主観的であるとともに客観的である。(ベルク 二〇〇二、一六五頁)

斐伊川は、斐伊川流域に暮らす人びとの環境世界の一部である。たしかに、それを自然環境として捉えることもできる。しかし、斐伊川は、けっして自然環境としてのみ人びとの環境世界を形成しているわけではない。斐伊川流域は、「百姓の膏腴の薗」といわれ、また、人びとは「河に便《よ》りて居る」ともいわれている。この「便りて居る」ということの意味が重要である。「居る」とは、環境世界と主体的に関わりつつ生活しているということである。このことは、斐伊川はそのような人びとの生活の成立の契機となっているということを意味している。「便りて」というのは、「頼りにすること」である。「恵みを受けて」という受動性とその環境に働きかけるという能動の両面が「便る」という表現に込められている。恵みを受けつつ、生活を開き、営むということのうちに、和辻のいう「人間存在の構造契機」が成立している。この「契機」を抜きにして語るということは、河川と人間の生活とを別々に対象化して考えるということである。そこに現れる斐伊川は、客観的な存在としての自然環境であり、また、その自然環境と対峙するものとしての生活世界である。だが、自然環境と生活世界とは別々のものとして存在してはいない。この両者を統一して把握する視点が人間存在の構造契機としての風土なのである。「風土」を人間存在の構造契機とするということは、和辻とベルクに従えば、客観性と主観性という西洋近代的な認識の枠組みを超えなければならないということである。風土を見ることの要求は、近代を超える視点をもてということに等しい。

ベルクは、『風土学序説』の「日本語版への前書き」で「存在の普遍性とその地理的な表現の独自性の〈総合〉を初めて試みた人は、有名な著書『風土　人間学的考察』（昭和一〇年）を著した和辻哲郎である」と述べている。ベルクが「風土」という古い日本語にもっとも現代的な意味を与えた哲学者として和辻を捉えていること、また、ベルクが客観性と主観性という西洋近代の認識枠組みを超える思索を試みていること、この二つのことから、わたしたちは、日本語の「風土」ということばのもつ思想的な深みに思いをいたすことができる。

こうして、「日本の川と風土」について論じるためには、世界と人間との根源的な問いにまで進む必要がある。わたしが人間と環境世界の関係を理解するために導入したことば、「配置」と「履歴」ということばで表現するならば、人間とそれを取り巻く空間の配置とその履歴の全体を風土と呼ぶことができるであろう（桑子 一九九九）。

日本の風土を理解するためには、言い換えれば、人間の空間的配置と履歴を理解するためには、空間の構造を理解しなければならない。日本の国土空間の構造は急峻な山、急流となって下る河川、狭い平地と周囲の海洋によって特徴づけられている。こうした空間的制約のもとに、身体的な存在（その意味で空間的な存在）であるわたしたち人間は、それぞれの生活を営んでいる。営みとは、空間的な配置をそのつどもちながら、時間のなかにある存在だということである。

さて、「出雲風土記」には、執筆された時代にすでに存在した神社とその所在地が記載されており、現在もその多くを確認できることに驚く。古代人にとって、「風土」の概念と神々への信仰は、分かちがたく結びついていたのである。

出雲建国の神といえば、スサノオノミコトである。アマテラスオオミカミの弟とされるこの神は、熊野大社、須我神社や須佐神社、日御碕神社など、多くの出雲地方の神社の祭神となっている。『古事記』と『日本書紀』によると（『風土記』にこの話はない）、高天原を追放されたスサノオノミコトは、斐伊川上流の鳥髪山（鳥上山、現在の船上山）に降り立ち、クシナダヒメを八岐大蛇から救い、出雲建国の祖となった。八岐大蛇とは斐伊川そのものともいわれるように、スサノオは治水と農業の神である。出雲を訪れると、スサノオを祀った社は、なだらかな山間を流れ下る川がもう一つの川と合流するあたり、洪水に見舞われやすく、また、水管理の要衝に当たる場所に置かれていることが多い。

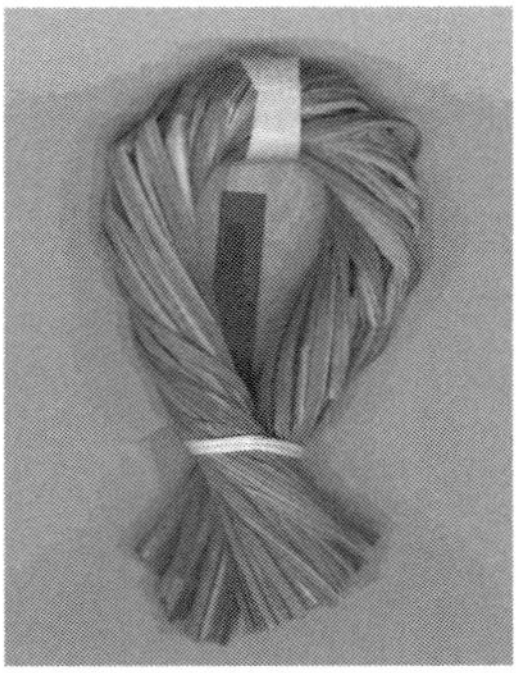

写真１　茅の輪（熊野大社）

スサノオの社では、夏のはじめに大きな茅の輪を懸けて人びとがくぐる。こうすると、無病息災であるという。「備後風土記」に伝える説では、身をやつしたスサノオに一夜の宿を貸した貧しい蘇民将来には、こう言ったと伝えられている。「吾は、速須佐能雄の神なり。後の世に疫気あらば、汝蘇民将来の子孫と云ひて、茅の輪を腰の上に着けよと詔る。詔のままに着けしめば、その夜ある人は免れなむ」と詔り給ひき」（『風土記』一九二七、三一五頁）。疫病が流行するのは、洪水や地震など災害の後である。このスサノオの話は、富んでいるからといって困った人を助けない者は、疫病を逃れることはできないという教えである。災害時には、富んでいるものが助かるのではなく、貧しくても人を助ける者が自分も助かるのだという意味をもつ。スサノオは、ともに災害・疫病のリスクを乗り越えることを教える、無病息災の神なのである。

スサノオの物語は、川と人間の深い関わりをなによりも興味深く示唆している。豊かな川の恵みと荒れ狂う災害、どちらにおいても大切なのは、人と人との関係である。地域の恵みと自然災害、人と人との関係が別々に切り離され、対象化されて捉えられるとき、そこには和辻とベルクのいう「風土」としての視点は消失してしまう。自然の恵みとリスク、そして人びとの生活は、空間と人間の関わりが積み重なった履歴のなかに重層的に堆積しているのである。この重層性が風土である。風土の姿を視覚的に、つまり、景観として捉えるとき、景観は景観を超えて、風景となる。「風景」とは文字通り、「風土の景観」である。そしてまた、わたしたちが景観の本質を捉えようとするとき、言い換えれば、その景観のなかに「風土性」に媒介された人間存在の構造契機を見いだすとき、景観論は見た目の光景についての議論よりもはるかに深く、自然環境ばかりでなく、人間の歴史と文化の深みへと進んでゆく。

二　「多自然型川づくり」から「多自然川づくり」へ

多自然型川づくりレビュー委員会は、二〇〇六年五月に　重要な意見書を提出した。そこでは、「これからの川づくりの目指すべき方向性と推進のための施策」として、つぎのように述べている。

「多自然川づくりへの展開」では、「平成二年に『多自然型川づくり』の推進について」の通達が出され、河川が本来有している生物の良好な生息・生育環境に配慮し、あわせて美しい自然景観を保全あるいは創出する「多自然型川づくり」が始まった。

また、

平成九年には河川法が改正され、河川環境の整備と保全が河川法の目的として明確になるとともに、河川砂防技術基準（案）において「河道は多自然型川づくりを基本として計画する」ことが位置づけられ、現在では多自然型川づくりはすべての川づくりにおいて実施されるようになってきた。

と述べる一方、

しかし、こうした事例のなかには、様々な工夫を重ねながら治水機能と環境機能を両立させた取り組みがある一方で、場所ごとの自然環境の特性への考慮を欠いた改修や他の施工区間の工法をまねただけの画一的で安易な川づくりも多々見られる。

との認識を示している。「多自然型川づくり」のなかの「型」という言葉をはずし、「多自然川づくり」としたのは、前記のような河川整備の傾向を批判的に検討したことによる。

では、「型」をはずすということはどのようなことを意味しているのだろうか。場所ごとの特性への考慮の欠如や模倣的工法の意味するところは、場所の固有性に目を向けることが不足していたということを意味する。すなわち、前例やカタログにばかり目をやっていたということである。足で赴くことをせず、デスクワークだけで川を見ることに慣れてしまっていると、現場に出向いても、そのような目でしか見ることができない。すると、結局、前例かカタログの型番しか浮かばないということになる。「多自然型」から「型」を抜くというのは、こういう「前例探索型思考」や「カタログ参照型思考」の態度を捨て去ることを意味する。

よその前例やカタログではなく、河川の個性やその地域の個性に目を向けるということ、このことが川を風土のなかで捉えるということである。風土のなかで捉えるということは、川を人間との関わりのなかで考えるということである。

和辻は、「風土」を人間存在の構造契機とした。このことは、人間と環境世界との不可分な関わりを、ある特有の捉え方で考えるということである。オギュスタン・ベルクは、環境と人間の関わりの方向性を sense ということばで表現した。このフランス語は、「意味」という意味と「方向」という意味を併せもっている。ベルクは、sense の意味を日本語の「趣き」ということばに近いものと捉える。趣きとは「面向き」であり、関心の向かう方向、そして、進みゆきとしての「赴き」である。人びとが「おもむく」とき、そこには、つねに「関心・懸念」がある。関心・懸念とは、英語でいえば、interest である。すなわち、心がものごとのうちに介在して (inter) あること (est) である。ベルクの主張をわたしなりに言い換えてみれば、空間での自己の配置と履歴の意識のうちにあることである。空間的配置と履歴という、空間への「入り込み」がわたしたち人間の「存在する」ということである。

人びとの川への「おもむき」とは、川の恵みへの関心と川がもたらすリスクへの懸念である。そこに川に「便りて居る」人びとの生活から生み出された文化があり、歴史がある。スサノオの社の配置やそこで行われる祇園祭り、茅の輪の意味などは、こうした「おもむき」から紡ぎだされたものである。

さて、「風土」というテーマが「多自然川づくり」をめぐる議論の自然な展開のうちにあることは、これまで述べてきたことからも推察できるであろう。「多自然川づくり基本指針」には、定義として、

「多自然川づくり」とは、河川全体の自然の営みを視野に入れ、地域の暮らしや歴史・文化との調和にも配慮し、河川が本来有している生物の生息・生育・繁殖環境及び多様な河川景観を保全・創出するために、河川管理を行うことをいう。

と述べられている。斐伊川の例でいえば、「出雲風土記」が記述しているような、川の流れ、生態系、そして地域の暮らし、歴史、文化など、つまり、その地域の「風土」を視野に入れて、河川管理をすべきだということである。

多自然川づくりに「風土」という視点を導入するということは、生態系と地域の暮らし、歴史、文化は別々のものとするのではなく、相互に不可分な関係にあるという認識に立つことである。この「不可分な関係」は、生態系から人間がどのような働きかけを受け、また人間がそこにどのような影響を与えているかという相互的な関係である。多自然川づくりをするということは、このような河川と人びととの関係をも視野に置かなければならないということである。つまり、河川整備は、その流域で暮らす人

びと、そこを訪れる人びとの「面向き」と「赴き」を同時に考慮しなければならないのである。参加型の事業が求められるのは、これが理由である。

このように考えてくると、「多自然川づくり基本指針」で「型」の概念が抜かれた理由の一つが見えてくる。つまり、「多自然型」では、流域の人びとの面向きと赴きに対する配慮の欠如があったからである。

三　「川の日」ワークショップと地域の宝としてのふるさとの川

限られた知覚と認識の枠組みで川を見るのではなく、多様な視線が多様な視点からふるさとの川を見る。そしてその見方を紹介しあう。川への新しい視線と新しい視点の発見と工夫に討議を重ねる。これが全国「川の日」ワークショップである。ワークショップは、川への「面向き」と「赴き」の宝庫である。

「川の日」ワークショップは、一九九七年に始まり、二〇〇七年七月に開催された第一〇回ワークショップを含めて一〇年になる。全国の川好きが集まり、自分たちの活動を紹介し合い、賞賛しあう。グランプリが選ばれるが、これは、川に対する新しいまなざしを発見するための仕掛けである。

ワークショップに参加してだれもが不思議に思うのは、どうして人びとは川に対してこれほど熱くなれるのかということである。ただ少し考えてみれば、それほど不思議なことではないようにも思える。川に対して熱くなれるのは、みんな川が好きだからである。なぜ好きかというと、どんな川にも、人びとを「面向かせ」「赴かせる」力があるからである。たしかに、力の弱ってしまったかに見える川もある。

写真2　第5回「川の日」ワークショップの風景

知らない人が見れば、どうしてそんな汚くてコンクリートに固められた川にみんなが熱心になるのか、と思う例も多い。しかし、川が汚れて、固められてしまっても、それをしてしまったのが人間であるからには、その川の力を取り戻してやりたいと思うのも人間なのである。

ワークショップに出てくる人びとが、何のために参加するのかを考えてみるとよい。たしかにグランプリという賞もある。賞をとれば、地域のマスコミにも取り上げられる。だが、人びとは自分たちの名誉のために、参加するのではない。名誉を得るのは、人ではなく、川である。グランプリは、川に与えられるのである。

グランプリは、清流で生き物が多く、自然豊かな川に与えられるというわけではない。寝屋川や近木川は、そのような川ではなかった。これらの川をよくしようという人びとの活動が、参加者の共感を呼び、高い評価を得る。しかし、だからといって人びとの活動だけが称賛されたのではない。汚れてしまった川が人びとを引きつけ、すばらしく変身してゆく。グランプリは、そのような力をもつ川に与えられたのである。

グランプリを得た川は、「人びとの面向き・赴き」とともにある川である。「人びとが便りて居る」川である。わたしはこのような川こそ「風土性」とともに理解された川であると思う。

川は風土性を抜きに管理されると思う人がいるかもしれない。しかし、「風土」という視点が明らかにするのは、風土性を抜きにして捉えられ管理されているように見える川もまた風土のなかにあるのであり、そのように管理するという行為もやはり風土のうちにあるということである。

北海道の留萌川《るもいがわ》は、激特（激甚災害対策特別緊急事業）の指定を受け、「親水護岸」のコンセプトのもとで整備された過去をもつ。それは「多自然型」以前の「親水型」の整備であった。しかし、時とともに、厳しい北海道の自然環境のなかで、護岸のコンクリートは劣化し、ひびの隙間に根を下ろした植物たちが成長を続けている。地域の人びとも自然再生の方向で努力を始めている。このような歴史的経緯を見ると、コンクリートで固める整備もまた北海道の風土のなかの行為であった。というよりも、反風土的に見えても、それは風土的行為であることを免れなかったのである。どんなに川を対象化し、型にはめて、人間という主体の管理の対象にしようとしても、川と人間とは、主体と対象という関係以上のものである。人間は、川とともに、それに「便って居る」存在だからである。しかし、留萌川の護岸は、地域の風土を深く理解した上での整備には見えないことが問題であった。たしかに、階段状の護岸と遊歩道で人びとを歩かせる整備ではあったが、風土のなかの川で人びとを「おもむかせる」川の整備ではなかったのである。だからこそ、いま、人びとが「おもむく」川にするにはどうしたらよいかということが課題になっている。これは、人びとを「おもむかせる」力をもつ川、つまり、「趣き」をもつ川をつくるにはどうすればよいかということである。

ワークショップに出席する人びとは、川の恐ろしさに対する心配と懸念をもって、面を向け、赴くのではない。むしろ、ふるさとの川に「便りて居る」ことに愛着をもち、また誇りをもって集まるのである。川は人びとの愛着とともにあり、人びとに対しふるさとに生きることの喜びと誇りを生み出す力をもっている。

たとえば、二〇〇五年にグランプリを獲得した「縫ノ池」は、佐賀県白石町の小さな池である。この池は、四〇年も前に、地下水のくみ上げによって涸れてしまい、地域の人びとは、泥と石の底を見続けてきた。最近、佐賀導水事業もあって、地下水のくみ上げを減らしたところ、奇跡的に清らかな水が戻ってきたのである。いまでは、池ではたくさんの魚が泳ぎ、その水で焼酎をつくる。初めて訪れた縫ノ池端の公民館で地域の人びとがわたしに笑顔で語ってくれたのは、「何度も埋め立てようかと相談しながら、やっぱり止めておこうということになった」という言葉である。埋め立ての先送りが水の戻ってきたもっとも大事な原因の一つであった。縫ノ池という宝物は、たとえ涸れてしまっても、池畔の厳島神社とともに、人びとの心に生き続けていた。いい先送りというものもあるものだと聴きながら、わたしは、川津地区の人びとにとって、この池がどんなに大切なものであり続けてきたかを知ったのである。

写真3　縫ノ池

写真4　柳川の堀り割り

川をふるさとの宝、日本の宝としてだれよりも大切に思い続けた人として、わたしは、「川の日」ワークショップの創始者である森清和と柳川を埋め立てから守った広松伝のことを思わずにはいられない。

広松伝は、泥とゴミで埋まっていた掘り割りを見て、ここを道路するために埋め立ててしまったら、柳川は死んでしまう、と考えた。広松の口癖は、「現場に立って全体を見る」ということで、その全体を語ろうとするとき、広松の目は、あたかも衛星から地球を見るように、宇宙の歴史から語り始めて、有明海の成り立ち、そして、掘り割りの歴史へと進み、子どもたちが水に戯れる光景に向かった。広松は、堀がいまにも埋め立てられようとしていたにもかかわらず、目の前の泥とゴミの向こうに再生したふるさとの川を見ていたのである。その柳川は広松の努力で本当によみがえった。

森は、晩年トンボのことをつねに語っていた。二〇〇六年の「川の日」ワークショップでグランプリを獲得したのは、三〇年前のコンクリート三面張りによって、そこに生息していたハグロトンボが絶滅宣言を受けた神奈川県の引地川である。市民によって行われた地道で長年にわたる川の清掃活動と、行政の河川改修の努力によって、川はよみがえり、二〇〇四年、ハグロトンボが大復活した。ワークショップでは、その成果は「おかえりなさいハグロトンボ」という言葉になった。このことばはだれにもまして、森に聞かせたいことばだとだれもが感じたに違いない。

森も広松もいまはいない。しかし、わたしたちは、川がわたしたちの宝物であるということの、もっとも熱い思いを二人から教えてもらうことができた。

わたしは、人びとの暮らしに誇りを生み出す力をもつ川、そのような意味での宝物としての、共有財としての川、「共有の資産としての川」という考えがこの上なく重要なものであると考えている。

四　「治水」とは何か

なぜ、多自然型川づくりが叫ばれ、また、そこから「型」が抜かれたのかをもう一度考えてみよう。近代的な河川整備では、多様な自然を排除し、また、紋切り型の整備を行ってしまった。これは、川への視線が風土を見失い、川を「治水」の対象として捉えたからである。どのような対象かといえば、降雨によって流下する水が洪水になり、水害を引き起こす災害の原因としての川である。このような対象としての川を管理するにはどうしたらよいかということが河川管理の課題であった。

残念なことに、多自然川づくりが唱えられるに至ったのは、河川整備の外部の理由によるのではないということに注意する必要がある。河川整備のなかの「治水」という課題に答えるために行ったことが河川環境から自然を奪い、人びとの暮らしから川を遠ざけてしまったのである。ここに川づくりの抱える大きな矛盾がある。治水と環境・景観が対立するという構図である。

「治水」は、「狭義には、河川の氾濫、高潮から住民の命や財産、社会資本基盤等を守るために、洪水を制御すること。広義には河川流路の利用、水資源としての利水目的のための水の制御も含まれる」と説明される(土木学会編 一九九九、八一二頁)。こうしたことを目的としたさまざまな計画には、環境保全計画も含まれ、全体として複数の計画を調和させることが求められるが、治水、利水、環境計画は互いにトレードオフの関係にあることが多く、流域の社会経済条件の現況と将来像により最適解が得られるように検討される、という。

「治水」の概念は、洪水から生命と財産を守るということである。これまでは、「治水」の意味は、河川の氾濫域の住民を利害関係者として、直接的な利害（洪水の被害）を蒙る人びとの生命と財産を守ることと理解されてきた。しかし、河川整備に多様な人びとの参加を求めるという住民参加の思想が盛り込まれたのは、たんに河川管理者と氾濫域の流域住民との合意形成が求められるようになったということだけを意味するのではない。河川環境という共有の財産を守るために、多様な意見の参加を求める必要性があったからである。

重要なのは、従来の「治水」の概念の説明に現れる「財産」が氾濫域に居住する人びとの個人資産を意味してきたということである。ここには、環境という資産、景観という資産は含まれていない。だからこそ、特定の人びとの財産を守る事業が環境、景観という資産を守りたいという人びとの関心・懸念と対立してきたのである。

たしかに、治水の目的の一つに、社会資本を守るという役割がある。だが、環境や景観を社会資本として位置づける思想は存在していなかった。公共事業に反対する人びとは、治水事業が環境や景観を破壊するという事態を憂慮し、治水の事業から環境と景観を守るという行動に出た。そして、行政と市民との対立が繰り返されたのである。だが、これは考えてみれば奇妙である。なぜなら、環境と景観を国民共通の資産として位置づけるならば、このような対立は起こり得ないからである。

「洪水から生命と財産を守るべき事業なので、環境と景観は犠牲にしてもやむを得ない」という治水思想から、「環境と景観という国民共有の財産をも守る治水」という思想への転換が求められている。

わたしは、二〇〇四年に淀川水系木津川上流河川整備計画策定過程において、木津川上流住民対話集会の進行役を務めた。ワークショップ型の話し合いともに行われた現地視察では、川上ダムの建設によって生息地域を追われるオオサンショウウオを見た。現地では、ダム湖の水底に沈む生息地に代わって新たな環境をつくるために、コンクリート製のアパート形式の住居が実験的に造成されていた。それはそれで代替的な手段であったが、集会では、オオサンショウウオの生命と生息地をどう守るかという議論も、あるいは、この特別天然記念物という国民共有の財産としての価値はどれほどかという議論もなされなかった。井伏鱒二のオオサンショウウオは、洞窟から出られなくなって悲しんだが、木津川のオオサンショウウオは、人間の都合で、強制移転に悲しむということになるかもしれない。ダム建設は、オオサンショウウオにとっては、財産（すみか）を奪われる、いわば天災である。移転先でも生活の保障はない。

また、筑後川水系城原《じょうばるがわ》川ダム建設に関する城原川流域委員会委員を務めたことがあった。この委員会では、城原川が日本の治水文化を濃厚に残す渓谷と平野の景観をもっているということから、きちんと議論することを提案した。しかし、河川管理者の立場から委員会に説明されたのは、ダムを建設したときの見た目の景観はどうかということだけであり、ダム本体は、吉野ヶ里遺跡から見えないので、大きな問題にはならないという主張であった。

城原川渓谷を含む流域を日本の河川文化がつくりだした日本人共有の資産として見たとき、その資産価値をどう見積もったらいいのだろうか。自然の造形と日本の文化が融合した景観を人工的につくることができたとして（そんなことはできないのだが）、どのくらいの費用がかかるかを考えてみると、その資産価値の計り知れないことに思い至る。あるいは、釧路川のように、いったん沈めた渓谷の価値が再確認されたとして、その再生にかける金額はどのくらいかと考えてみるのも一案かと思われる。しかし、現在の「治水」の概念枠組みでは、このような議論はまったく行われていないのが実情である。

同様に、北海道のサンルダム建設予定地の渓谷では、北海道の大自然が作り出した渓谷のすばらしさを国民共有の資産であると実感した。流域の人びとの生命と財産を守ることは重要であるが、日本の国土のなかで渓谷という自然資産の価値をめぐって議論が行われていないのは、環境や景観が共有の資産であると認識されていないことが理由であろう。きちんと議論されないまま大切な資産を失うことをわたしは恐れるのである。

これらの例とは対照的に、現在、松江の大橋川周辺まちづくりについて行われている議論では、「景観」が河川整備のもっとも重要な要素として認識されており、「治水」との関係をどう構築するかということが課題として明確にされている。国土交通省・島根県・松江市によって二〇〇六年一二月に策定された「大橋川周辺まちづくり基本方針」では、「どうすれば、景観・環境の維持・向上と水害に強く安全で安心なまちづくりとを共に実現することができるかということが課題」とされ、今後の進め方として、「これまで対立的であった『治水』と『景観・水辺の利活用・環境』の関係をより創造的なものに転換します」

と明言された。

五　おもむきとまなざし

水環境をめぐる基盤整備の歴史を考えるとき、日本の文化の中核を占めているのは、治水・利水の文化である。治水の力をもつスサノオを思い出してみるとよい。スサノオは、斐伊川の治水に成功し（ヤマタノオロチを退治し）、クシナダヒメ（農業の神、利水の神）とむすばれた。そのとき、新婚の住まいをつくり、和歌を詠んだのである。和歌が治水と利水の神の結婚によって生まれたことの意味は、日本文化を理解する上で、きわめて重要なポイントである。スサノオの他に、水環境に関わる神々としては、タギツヒメ、タギリヒメ、イチキシマヒメ（辨天）の宗像三女神、航海と海の豊饒の神であるトヨタメヒメとタマヨリヒメ、その父親の海神（ワタツミノカミは、ウワツワタツミ、ナカツワタツミ、ソコツワタツミの三神ともいわれる）、住吉の神（ウワッツノオ、ナカヅツノオ、ソコヅツノオの三神といわれる）、水神であるミズハメノカミ、セオリツヒメなどを挙げることができる。これらの神々は、それぞれ固有の神徳をもって日本全国の河川流域に鎮座する。

なかでも、水に関わる社会基盤の整備に関係しているのが八幡神である。八幡三神は、神の名を戴く天皇である応神天皇（ホンダワケノミコト）、やはり神の名をもつ応神天皇の母、神功皇后（オキナガタラシヒメ）、そして、ヒメカミと呼ばれる女神である。

写真５　歌川広重筆「深川萬年橋」

八幡神は、朝鮮遠征の逸話から武神として知られるが、八幡社は、神仏習合もあって、生命を尊ぶという思想から生き物を池や川に放流する放生会というイベントの伝統を維持してきたところも多い（石清水八幡宮や箱崎八幡宮）。いまは行われていないが、東京の深川八幡宮でも江戸時代には、放生会が行われていた。歌川広重は、萬年橋という交通基盤の上で売られている亀を描き、洪水で橋が流されないようにとの願いと生命への慈しみを「深川萬年橋」という「名所江戸百景」シリーズの一枚として描きだした。

わたしは、フランス国立高等社会科学研究院の客員教授として行った「日本の風景」に関する一連の講義のなかで、「深川萬年橋」を用いたことがあった。講義が終わったとき、一人の大学教授がわたしの手を強く握りしめ、「日本の文化はすばらしい。人間のまなざしと亀のまなざしとが共存する文化だから」と語ったことを思い出す。

川は、人間の資産であるとともに、生き物たちにとっては生活基盤である。河川整備に日本の風土が培った川へのまなざしを取り戻して、人間の生命と財産を守る事業が他の生き物たちの生命をも守り、また、景観をも守る事業になるとき、近代的河川整備のなかで失われた風土の思想は、日本の伝統に培われた治水思想として再生することになるであろう。

「多自然川づくり基本指針」は、日本の川の再生の思想であるとともに、風土に培われた日本の治水思想の再生にも道を拓くものであると思う。これからの河川政策のもっとも重要な課題は、「治水」の概念のなかに、「人間以外のものの生命」と「国民共通の共有財」という概念を組み込むことである。この重要な作業の第一歩が「多自然川づくり基本指針」の策定であるとわたしは考えている。

参考文献

桑子敏雄（一九九九）、『環境の哲学』講談社文庫。

同（二〇〇五）、『風景のなかの環境哲学』東京大学出版会。

『古事記』（一九六三）、倉野憲次司編、岩波文庫。

『土木用語大辞典』（一九九九）、土木学会編、枝報堂出版。

『日本書紀』一―五（一九九四―九五）、坂本太郎・家永三郎・井上光貞・大野晋校注、岩波文庫。

『風土記』（一九二七）、武田祐吉編、岩波文庫。

オギュスタン・ベルク著、中山元訳（二〇〇二）、『風土学序説―文化をふたたび自然に、自然をふたたび文化に』筑摩書房。

和辻哲郎（一九七九）、『風土』岩波文庫。

第五章　サステイナブルな地域環境デザインの作法と技法

島谷　幸宏

サステイナブルなという意味は、一過性ではないということである。逆のいい方をすると、サステイナブルでない地域環境とは一過的であるということである。たとえば、景観整備をしてもすぐ荒れ果ててしまう場所、乱獲によって捕れなくなった漁場、エネルギーが多消費型でどこからかエネルギーをもってこないとやっていけないような都市や暮らしなどはサステイナブルとはいえないことになる。したがって、この逆がサステイナブルだということになるだろう。

一過性ではないといっても時間スケールをどれくらい、空間スケールをどれくらい、人口スケールをどの程度にするのかによって問題の切り口は大きく違ってくる。島のような閉じた空間を考えてみれば、人口が多すぎればエネルギーや資源に限界が来るのは自明である。流域を単位に物事を捉えるというのは一つの考え方である。流域は上流の山地から海まで水を介して、物質やエネルギーが連続した空間である。しかしながら流域の大きさはまちまちであって、すべての地域を流域で捉えるということにも無理があるように思う。流域が一つの切り口であることはたしかであるが、ここでは、地域ということで少し漠然と空間の大きさを捉えて話を展開したい。

話を少し戻すと、地域環境をサステイナブルにするためには、自然の仕組み、社会の仕組みをどういうふうに設計していくのか、人の気持ちをどのように織り込んでいくのか、それから個別の構造物、建造物等の景観というものをトータルしてどのようにしてデザインしていけば、一過的ではないデザインが可能となるのかなどが問題になろう。これらは、非常に難しい課題であるが私なりにその作法と技法を示してみたい。

一　サステイナブルデザインの作法

作法その1　結果としての風景と心得よ

サステイナブルデザインの第一の作法として「結果としての風景と心得よ」をあげたい。風景は自然や人の営みの時間的な積み重ねおよび現在の自然や人の暮らしを反映し、その結果として風景に現れている。したがって風景を理解するためにはその背後にある仕組み、裏を読めということでもある。

写真1は佐賀の縫ノ池である。冬の早朝の風景はなんとも美しくすがすがしい。しかし、この池は

写真1　佐賀・縫ノ池

四〇年もの間、枯れた池だったのである。

筑後川導水事業により水が供給され、地下水の汲み上げをやめることによって、地下水が回復しこの風景が再生された。水循環系を戻すことによってこの風景が立ち戻ってきたのであるが、それではなぜ埋めなかったのだろう。四〇年間も空っぽになった池を埋めないという行為を続けたから、この風景は戻ることができたのである。この池を埋めないことを先延ばしできる社会的なシステムが存在していたからこそ、風景が戻りえたのである。寒い朝、水の表面から湯気が上がっている。これは地下水が湧き出していることを示している。このたった一枚の写真がさまざまなことを雄弁に語ってくれる。枯れた池を埋めようという話は毎年行われたそうである。しかし、弁天様の池でもあるし、話し合いにより、一年一年先送りをしてきた。先送りをするという知恵、先送りできる地域の社会の仕組みによってこの風景がここに再現されている。サステイナブルな地域の景観、環境というものを考える場合には、こういう結果としての風景が維持できるような自然の仕組みと社会の仕組みをどう構築するのかということが重要である。その仕組みの構築が風景デザイナーの力量になってくる。なかなか難しい話である。

作法その2　仕組みが重要と心得よ

作法1をさらに具体化した作法である。風景が維持されている自然の、あるいは社会的な仕組みを理解しようということである。

写真2は佐賀県松浦川、アザメの瀬の風景である。国土交通省が松浦川沿いの水田を買い取り、そこの地盤を四～五メートル掘り下げ、出水時に下流から洪水流が流入するような仕組みが整えられた。氾濫原湿地の再生である。洪水が毎年数回流入するという自然の仕組みによって、植生は遷移の初期の段階が維持されている。コイ、ナマズ、タナゴなどの魚類が洪水の流れに乗って進入し産卵する。現在、氾濫原に依存する多くの生物が絶滅の危機に瀕しているが、これらの生物は氾濫という仕組みに適応しているため、その環境がなくなると数を減らしてしまう。ときどき氾濫して、水が入るという仕組みによって持続的に維持されている風景である。

写真２　佐賀県松浦川、アザメの瀬

図１　アザメの瀬平面図

アザメの瀬や縫ノ池から見えることは、自然や社会のかなり根本的な仕組みを整えるということがとても重要だということである。根本的な仕組みがどこにあるかというのを正確に読んでそれを整えるのが地域環境デザイナーの力量の一つである。

作法その3　空間の履歴を尊重せよ

その地域が持っている空間の特徴に基づいた歴史的な発展の経緯をよく理解し尊重しようということである。わが国は水を中心として発展してきた瑞穂の国、いわゆる水田稲作国家である。水田稲作国家を構築するためには、水田になるところは水田にし、水田にならない水害に普段あわないところは居住地や畑とするという水と関連する地形に基づいた暮らしを行ってきた。つねに洪水の危険と水の恵みの両方のバランスをとりながら国を発展させてきた。地形とその空間がもっている特徴を正確に捉えながら国土の形成がなされてきたのである。空間の履歴を尊重せずに開発を行うと、災害のときに大きな破綻をきたす。また空間の履歴というのは、そこにいろいろな人の思い、いろいろな歴史の積み重ね、自然の積み重ねがある。

写真3は佐賀の石井樋である。佐賀の家老、成富兵庫茂安公は江戸初期鍋島藩内の水利施設を整え、戦国時代に荒廃した藩土を再興した。成富兵庫の水利技術と水を中心とした藩民の統制手法はきわめて優れている。そのなかでも、とくに秀逸とされるのが石井樋である。佐賀の城下に飲み水を運び、洪水は西へ飲料水は南へと洪水と用水とを分離するための構造物である。要するにリスクと恵みの分岐装置

写真3　佐賀・石井樋

写真4　同上

写真5　大分県豊後高田市の中世荘園の面影を残す風景

が石井樋というシステムである。石井樋は記念公園として、皇太子ご成婚記念事業によって復元された。復元のポイントは、洪水と用水を分離するために設けられた巧みな水の分配システムを再現するということである。

空間の履歴を尊重するという観点でこの事例を眺めてみると、この水分配システムはリスクと恵みの分離システムと解釈でき、この仕組みを尊重することがなにより重要であることが分かる。また、石井樋は多くの佐賀市民に愛されてきた。佐賀市に水を導入するための本流をせき止める大井手堰の上で、子どもたちが遊ぶ写真が残されているが、佐賀周辺の小中学校の遠足の場所となっていた。このような、佐賀市民に愛された場所であるという、その履歴も大切にすることが重要である。

このようなことから、大井手堰で堰あげ、象の鼻、天狗の鼻を回り込み、石井樋を通って多布施川に水が流れる仕組みを再生することが再生の第一のポイントである。そして人びとが水と親しむことができる空間を提供することが次のポイントである。写真に示した大井手堰は新しく再建した堰であるが、その縦断的な傾斜や平面的な開き具合は、昔の大井手堰を参考に決定したため、近代的な工法は取り入れているものの地域の人にとってなじみのある形状となっている。

写真5は大分県の豊後高田の中世荘園の面影を残す風景である。広い平坦な沖積平野の開発が本格的に行われるのは戦国時代以降である。中世までは、この風景に見られるような、中小河川沿いの緩傾斜面が主たる生産の場であった。低平の平野に比べると水管理技術としては比較的楽である。そういう水管理の状況を示したものがこういう風景である。圃場《ほじょう》整備をしていない水田は美しい。地形の形態に沿ってできているので、災害にも強い。棚田を方形にすると崩れやすいというのはよく聞く話である。長い時間の経過を通して、地域は形成されている。

作法その4　多を重視せよ

日本の近代化とはなんだったのだろうか。水を中心に考えてみると徹底した機能分化とその機能を担う組織の役割分担であった。江戸時代の治水・利水の技術を水利技術という。治水と利水を一体的に処理してきたので、水利技術というのである。明治あるいは第二次世界大戦後、国土が発展するなかで近代技術が普及発展していくわけであるが、水に関する機能は分化されていった。飲み水は上水（厚生省）、使用した水は下水（国土交通省都市局）、農業用の水は農業用水（農水省）、工場が使う水は産業用水（経産省）、洪水防御は治水（国交省河川局）というように機能分化と役割分担が行われてきた。

これは水の処理に関してだけではなく農地に関しても同様であった。日本の水田は単に米をつくるだけではなく、水田を漁労の場としてきた。最近、池橋宏が「稲作の起源」のなかで、水田稲作とは米の生産によるデンプンの獲得とフナやコイに代表される湿地を生活の場とする魚類のタンパク源の獲得の両者を兼ねそなえた生産活動であることを論じている。この主張はもっともで、氾濫原の魚類にとって、圃場整備されるまでの水田は格好の産卵場、生息場であり、それを食料資源として活用していたというのは合理的である。中国の長江流域に行けばしばしば、フィッシュポンドが水田の間に見られるし、堤防や畝《うね》に生える草は燃料として、あるいはフィシュポンドの草魚の餌として重要な役割を果たしている。水田は、このほかにも洪水調節機能や地下水浸透機能、気候緩和機能、土砂流出抑制機能など多くの機能を有している。このように水田とはもともと多様な機能をもつ場であり、

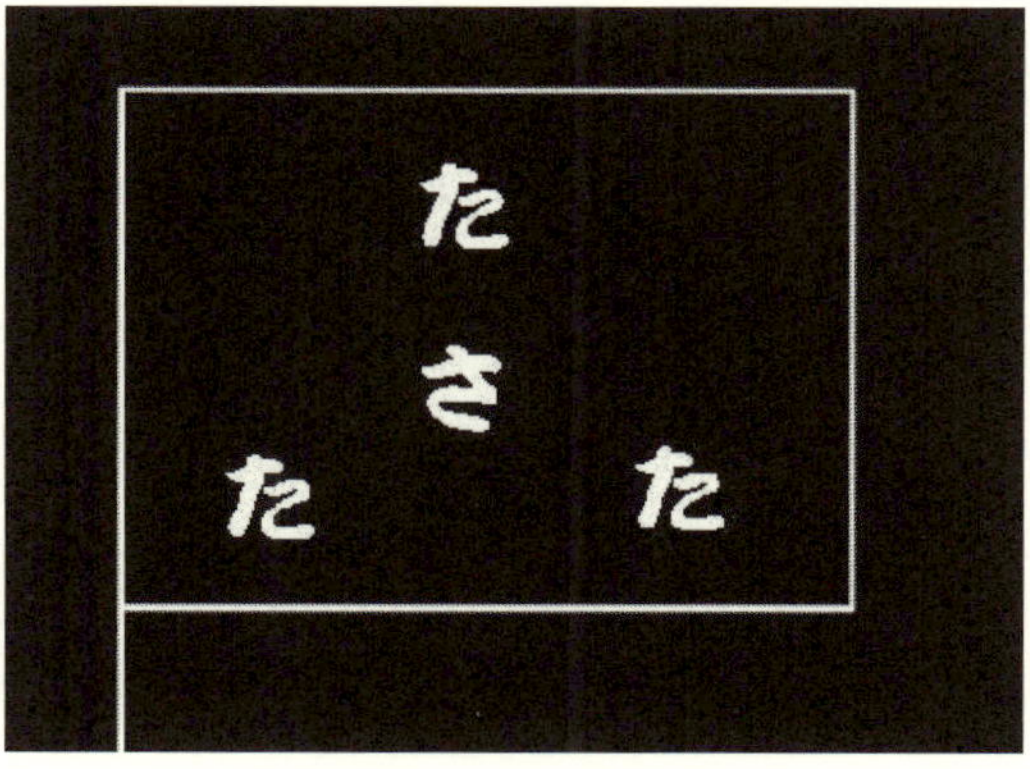

図２　トキ再生のための旗印

それはかなり意図的に多面的な機能をもたされていたと考えるべきではないだろうか。

ここに旗を示す。これは桑子敏雄が佐渡でトキの再生を進めるのにつくった「たたたさ」という旗印である。環境省の進めている生物多様性の「た」、国土交通省の多自然川づくりの「た」、農林水産省の水田の多面的機能の「た」、そのなかに佐渡の「さ」があるという旗である。三つの多をトキ野生復帰が行われる佐渡で達成しようという旗印である。すなわち多面的な国土形成の重要性を示した錦の御旗である。

単機能でものを考えると、どうしても行き詰まる。

作法その5　社会装置の重要性を認識せよ

地域を継承する社会システムをどう構築するかは、地域環境の持続性を考えるのに重要である。桑子研究会ではいろいろな地域に行き、祭りに参加する機会を得た。岡田真美子や合田博子から、祭りは持続的に社会を継承するための装置として非常に重要な役割を果たしてきていることを学んだ。

写真6は行橋市、今井祇園祭の輪上げのシーンである。河床に埋めてある山車の車輪を力をあわせて毎年、掘り起こす。祭りが終わると潮境の河床に車輪を埋める。なぜこんなに大変なことを毎年するのであろうか。祭りは共同作業である。多くの人が顔をあわせ、力をあわせる。このような行為は人間関係を構築し、村の運営に大きな役割を果たすだろうし、災害のときに力をあわせるのに役に立つだろう。また、毎年、河川に行くことは川の状態を確認するのにも役に立つであろう。山梨の信玄堤では、三社

写真6　祭りの準備

祭りが行われている。一宮、二宮、三宮と呼ばれる三つの神社の祭りが、信玄堤の根元の竜王（古くは龍王）にある三社神社で行われる。三つの神社の神輿が延々と担がれ、信玄堤に至る。この祭りは、堤防を踏み固めるために行われたというのが定説である。当然その目的もあろうが、甲府盆地第一の重要な水防地点を、毎年、見に行くという防災上の意義もあったと考えることが重要である。祭りの途中で年輩の者が若い人に洪水の話をしただろう。人間は行為を通して初めてさまざまなことに思いを馳せることができるのであり、継続的に行われる祭りは、社会装置として重要な役割を果たしている。

祭りに代表される、空間認識や防災意識、共同体意識の維持、継承システムをどのようにして現代に構築していくのかは大きな課題である。伝統的な都市では現在においても、祭りが機能しているところもあるが、多くのところで継承していく仕組みが失われている。持続的な環境をデザインするためには、社会装置のデザインも重要でありイベントなどを祭りの観点から見直し、設計してみることが重要である。

二　サステイナブルデザインの技法

次は技法である。作法がものの考え方とすれば、技法は考え方の技術である。

技法その1　生物を中心に考える

生物を中心に地域を考えることはサステイナブルな地域環境デザインの新しい技術である。この動きが出てきたのはここ一〇年程度であり、今後の地域環境デザインの大きな柱になると考えられる。もっとも成功しているのがコウノトリの放鳥が行われた豊岡である。

一九七一年に兵庫県の豊岡で最後の野生のコウノトリが捕獲され、日本の野生のコウノトリは消滅した。その後、兵庫県コウノトリ郷公園などで保護増殖が行われ、現在では一〇〇羽を超えるまでになった。二〇〇五年九月、野生復帰のための試験放鳥が豊岡で開始された。コウノトリを野生に復帰させるためにはドジョウ、カエル、昆虫などの餌が豊富にあること、それらの餌が農薬で汚染されていないこと、それらの餌が生息できる環境が量的に確保できていること、営巣することができる高い木が存在することなどが必要であり、農業のあり方や公共事業のあり方など、そこに生活する人の暮らしを変えていくことが必要である。

豊岡市および豊岡市民は、このような状況に対応するためにさまざまな対策や活動を行っている。その行動指針ともいえるのが「コウノトリとともに生きるまちづくりのための環境基本条例」（現在は合併

により この条例は変わっている）である。この前文に意気込みが語られているので、少し長くなるが引用したい。

私たちのまち豊岡は、緑豊かな山々に抱かれた豊岡盆地に拓け、まちの中央をゆるやかに流れる円山川をはじめとする豊かな自然の恵みを受けて、今日の繁栄を築いてきた。特別天然記念物コウノトリもまた、そのような豊岡の自然の中で人びととともに暮らしてきた。

コウノトリは、かつて各地に見られたが、高度経済成長の進行に伴う環境破壊等によって絶滅への道をたどり、豊岡盆地一帯が最後の生息地となった。

そのような中で、種を守るために保護運動が始まり、人工飼育が進められたが、四半世紀を経ても新しい命を目にすることはできなかった。

しかし、平成元年の早春、ついにヒナが誕生し、私たちは感動と歓喜に包まれた。今私たちは、コウノトリを再び野に帰すための地道な努力を続けている。このように私たちは、コウノトリの絶滅と復活の歴史を目撃し、体験してきたのである。

一方、コウノトリを絶滅の淵に追いやった飛躍的な経済社会の発展と生活様式の変化は、環境への負荷を増大させ、地球温暖化、ダイオキシン、環境ホルモン等にみられるように、今や地球環境と人間の生存自体をも脅かすまでに至っている。

私たちは、まさに人間自身の課題として環境問題に全力を挙げて取り組まなければならない。

このような認識に立つとき、私たちは、人がコウノトリと共に生きていくことができる環境こそは、人にとってもすばらしく豊かな環境であるとの確信に至るのである。

今こそ私たちは、英知を結集し、人と自然が共生するまちづくり、循環型のまちづくり及び環境にやさしい人づくりを柱として、コウノトリと共に生きるまちづくりを進め、人と自然の輝くまち・豊岡を将来の世代に継承していくことを決意し、ここに、この条例を制定する。

減農薬、減肥料、米、地域の誇りになるような米のブランド化、さまざまな自然再生事業、環境教育、いろんなことを組み合わせながら、観光客も増え地域が活性化している。

しかし、数年前、大きな水害があった。バスの上に人びとがとり残された映像を見たときにコウノトリの野生復帰に伴う取り組みが、いったんスピードが鈍る、あるいは止まるのではないかと懸念した。というのは、水が氾濫するような場所をたくさんつくらなければ、コウノトリの餌場は確保できないからである。コウノトリは氾濫源に依存した生物であり、氾濫を経験した人びとは、氾濫原の再生をためらうではないかとても心配したのである。しかし豊岡の中貝宗治市長は「私はあの水害にあって、なおいっそうコウノトリを中心とした自然と共生した暮らしが必要だと確信しました」と講演会で力強く話された。

ようするに水が氾濫するところには、きちんと氾濫させることによって水害を防ぐことの重要性、自然と向き合って暮らすことが重要であり、伝統的な暮らし、森を壊さない、魚を採りすぎない、そういう利用の仕方こそ、私たちが進むべき道であるということを確信されたそうである。いままでのまちづくりと異なる大きなパラダイム転換である。自然を中心とした、生きものを中心としたまちづくりというのは一つのサステイナブルな地域環境再生、地域環境デザインの思想であり技法となるのは間違いない。生きものに住みやすいという視点で、すべての産業を捉え直すことによって、いろんな人が地域に誇りをもちながらそこで暮らしが営まれ地域づくりができていくという事例は、大変参考になり勇気を与えてくれる。

技法その2　空間の特徴を見極める

空間の特徴を見極めるということは、その場が形成されている原理を知り、環境の特徴や環境保全上のキーポイントを抽出し、形態的な特徴を把握することである。その場所にはその場所の特徴があって、その空間の特徴を読んで生かすことができれば、環境負荷が小さく、生物多様性も保持し、景観上のなじみもよく、長持ちするデザインができる。

私の専門である河川でいえば、河口には河口の、上流部には上流部の、北海道には北海道の、沖縄には沖縄の河川の特徴がある。その特徴に沿ったデザインをしようということである。

例として、私が専門の河川の河口域デザインについて見てみたい。河口は海と川の接点で、海水と淡水が混じる領域である。干満の影響を受け、満潮時には水没しているが、干潮時には露出する潮間帯と呼ばれる空間が水際域に形成される。この潮間帯がいったん失われるとなかなか回復しない。河口部に生息するカニなどの動物の多様性の保全にとってきわめて重要な空間である。また干潮域では河川の微妙な曲がりや突出した岩、支川の合流点などの水の流れが乱れる場所が重要である。そこには、泥が堆積するところや砂が堆積するところが現れ、多様な環境が出現する。それに対応する形で生物の多様性は高まる。

このような干潮域の特徴と人の利用と景観のことを考えてデザインしたのが、宮崎県延岡市の五ヶ瀬川の本小路地区である。二〇〇五年九月、五ヶ瀬川は台風による水害に見舞われ、延岡市内においても大きな被害を受けた。そのため再度災害を防止するため、激甚災害特別緊急事業が採択された。本小路河岸は、高水敷と呼ばれる洪水時のみ水没する空間があり、市民の駐車場や出初式、流れ潅頂《かんじょう》（精霊流し）、レクリエーションの場として活用されていた。洪水の流下能力を増加するため、およそ六〇－七〇メートルの高水敷を掘削し、その幅を一〇メートル程度まで狭め、また河床を一メートル程度掘削しなければならない。国土交通省では延岡市の中心部でもあり、地域住民と国土交通省、筆者らからなる考える会を組織し、検討を行った。筆者らはその会に案を提案したのである。

この河岸は延長が約六〇〇メートルで、消防水利のために水深を確保する部分が必要である。また流れ潅頂のために水際に近寄ることが可能な安定的な足場が必要とされた。これらの条件と場の特徴を考えて以下の基本的な考え方により設計を行った。

・高水敷幅が狭くなるため低水護岸を設ける。
・高水敷上には遊歩道を設ける。

・高水敷の高さはなるべく低くして、水との一体感を高める。
・護岸はなるべく立てて、消防水利のところを除いて干潮時には露出する潮間帯を設ける。
・景観上の区切りと水際近傍の流れを乱すために小規模な水制を設ける。
・全体的にゆるやかな曲線を用いる。
・流れ滝頂などを行うための足場を設ける。

写真7に見るように、水際にはゆるやかな傾斜と曲線が見られる。

技法その3　まねる――仕組みをまねる、自然をまねる、形をまねる

芸術や製品などのデザインではオリジナル性は重要であり、他のデザインをまねることには厳しい姿勢で臨む必要があるが、環境デザインあるいは自然のデザインと呼ばれる分野では「まねる」

写真７　五ヶ瀬川本小路地区

ということは基本的な技法である。自然の仕組みやエコシステムは、基本的に循環的であり持続的である。自然の仕組みや自然の形態をよく理解し、まねることはサステイナブルデザインにとって重要な技法である。

技法その4　変化を許容する――自然の営みを活かす、人の営みを活かす

一般的に人は自分がつくったものが思ったとおりにできて、そのままの形で維持されることにこだわる傾向がある。しかしながら、自然環境も人の社会もつねに変化しながら安定を保つのである。したがって、自然の営みや人の営みによってさまざまに人や物が変化していくことを許容する態度、変化を織り込んだようなデザイン手法がサステイナブルデザインには求められる。

技法その5　共感、協働

持続的に仕組みが続くためには多くの人に共感してもらい、さまざまな関係者、関係機関が協働することが必要である。いかにして共感、協働の仕組みを構築するか、美しく、楽しく人を巻き込むにはどのようにすればよいのかということを十分に考える必要がある。

意見交換を図り共通認識を生むワークショップ、時空間の体験を共有するフィールドワークショップ、視覚的・立体的に空間を共有できる景観模型、象徴的な写真、共同で作業を行うことなどは共感、協働を生む重要な事柄である。

技法3～4が生かされていると考えられる事例を見てみたい。

木野部《きのっぷ》海岸　木野部海岸は青森県の下北半島、むつ市の津軽海峡に面する海岸である。二〇〇六年に土木学会最優秀デザイン賞、グッドデザイン賞を受賞した。筆者は土木学会デザイン賞の選考委員として木野部海岸を実見した。小雪のちらつく初冬の早朝で、頭がさえないなか、海岸が見おろせる道路から木野部海岸を見たときに衝撃が走った。こんな美しい海岸構造物があるのかと。これまでの既成概念を大きく覆す海岸構造部である。

築磯と呼ばれる大きな岩を、海岸に多数、ランダムに並べた海岸防御工法である。築磯はじつに美しい構造物である。この工法は江戸時代に地元の人が山のなかの大きい石を切り出し、海岸に置き、アワビやサザエをとることができる磯を作る時に用いられていた。海岸防御のために伝統工法を発展させた工法である。大きな岩は多少移動してもかまわない。変形を許容するということが前提になっている。景観も良く、消波効果があって、砂も補足し、生物も住みやすい。多機能な工法である。自然の営みを生かし、変形を許容する。木野部海岸は、先ほど示した技法をほとんど使っている。しかも行政と住民が協働で取り組んだ、理想的なデザインになっている。

この岩をランダムに並べたのが築磯と呼ばれる、置磯工である。奥に見える海岸堤防や離岸堤に比べると、その美しさが際立っている。工学的な検証は今後必要であるが、大きな台風時にも流されず、消波効果を示したそうである。

写真８　木野部海岸

写真９　同上

写真10　福岡打ち水

打ち水の話

これまでに述べた技法を組み合わせた活動として福岡における打ち水の話しをしたい。

「打ち水」は日本の伝統的な風習であり、夏にはどこでも見られた風景である。「打ち水」が地球温暖化防止運動として二〇〇三年より開始され、全国に普及している。福岡では二〇〇四年より福岡打ち水大作戦として、大学、行政、NPO、企業に所属する有志によって活動を展開している。筆者は福岡打ち水大作戦の代表として、現在のところ五年目の活動に入ったが、新しい時代の活動としていくつかの興味深い展開が見られる。この活動は、二〇〇三年の原子力発電所のトラブルによる東京の夏の電力不足時に市民で水をまき、少しでも気温を下げ電力使用量を減らす運動に端を発しているが、現在では気軽な地球温暖化防止運動、身近な街づくり運動として定着を始めている。「打ち水」は全国的に組織化された運動ではなく、東京の掛け声に各地が反応して自主的に活動が行われている面白い運動である。そのなかでも、福岡の活動は、面白い展開を見せている。

組織形態であるが、複数の参加母体の有志からなる緩やかな連携によって形成された組織である。コアメンバーは九州大学、福岡大学、NPO法人グリーンバード、NPO法人南畑ダム貯水する会、NPO法人水環境研究所、博報堂、シーマコンサルタント、万葉の湯、国土交通省、福岡県、福岡市、前原市、大宰府商工会などに所属する人達である。組織として活動する人と個人として活動する人が混じっている。当初四年間は規約も名簿もなく、あいまいな組織体で二人代表制をとっている。代表が一人では、日常の仕事のためマスコミの取材等に十分に対応できないなどの実務的な理由で二人代表制としたが、結果的には二人代表制は合意形成型の組織によくなじんでいる。資金が不足するという問題は残されているが、基本的に協賛金とそれぞれの参加者のボランティアにより支えられている。会費は現在のところない。

活動内容は、夏の暑い日に数度の打ち水イベントを実施することと、新聞への広告、打ち水ノートと呼んでいる子ども用の打ち水広報グッズの配布である。当初、福岡市内の神社の境内や紺屋町商店街で一〇〇人程度の人が集まって打ち水をした程度であるが、現在は福岡市、北九州市、大牟田市、太宰府市、前原市へと発展している。太宰府市は古都で街づくりの一環として、浴衣の着用とセットで行われているし、前原市では九州大学の移転（二〇〇六年より）にともない大学と地域との協働の実践として打ち水と祭りを組み合わせて実施されている。それぞれの地域が、それぞれの目的に応じて、それぞれのやり方で打ち水を行っている。このように「打ち水」は日本の伝統的な文化であり、手軽であまりお金がかからないことからさまざまな形で広がりを見せている。

「打ち水」は不思議な活動である。打ち水をして思うことは、水をまくと水の循環や水に関心をもつようになるということである。「打ち水」は自由な活動であるが、ルールとして水道水を使用しないということがあげられる。「打ち水」をするためには、水道水以外の水を確保しなければならない。水道水を使わないという、この決まりのために、さまざまな形で水を確保するための知恵がいり、活動が広がっていく。風呂の残り水を利用するのが一般的であるが、雨水をためて利用する人もいれば、ため池の水を活用しようとする人もいる。下水道の二次処理水を利用しようとする人もいる。福岡では紺屋町商店街のイベントのときには都市温泉「万葉の湯」の残り水をいただき、水を打っている。

二〇〇六年は全国で水害が発生し、全国の打ち水仲間のメール交換のなかで興味深いやりとりが繰返された。「水害が発生しているときに打ち水をするのは不謹慎ではないか？」「晴れているところで水をまくのは環境にいいことなので気にする必要はないのではないか？」「水で困っている人がいるのに、水をまくのは気がひける」というようなやりとりである。打ち水の活動をしているのは水に関心がある人だけではなく、街づくりや環境問題に関心がある人も多く参加している。にもかかわらず、これまで水害にほとんど関心がなかったと思われる人も水をまくことによって、水害にまで意が及ぶようになるのである。

打ち水の主要メンバーに「南畑ダム貯水する会」というＮＰＯ法人がある。福岡市は大渇水で苦しん

写真 11　タンクは屋根に降った雨水がたまるアメリット。水が豊富にあるので緑が育つ

だ経験があり、家庭で雨水を貯留し渇水に備えようという団体である。名前もとても面白い。いつもダム建設推進活動と間違われているのであるが、真意は「南畑ダムと同じぐらいの水をためよう」ということである。メンバーの一人の居宅がアメリットステーションになっている。屋根に降った雨を貯留する樽をアメリット（雨でメリット）というのであるが、アメリットを多数設置した家である。この団体はアメリットを安価に家庭や学校に設置している。このアメリットステーションは都市のなかに森が現れたようになる。雨水は思いのほかたまるため、庭は緑に覆われ都市のなかに現れた森のようである。学校にアメリットを設置した話で面白いことを聞いた。先生の話であるが。アメリットは非常によい。なにがいいのかというと、水がなくなるからいいというのである。子どもたちは、アメリットの水で花に水やりをしているのであるが、アメリットの水は雨が降らない日が続くとなくなるのだそうである。子どもたちは、初めて水が有限であること、水の大切さに気づくそうである。

さて、これからが本題であるが、南畑ダム貯留する会の代表の山下さんを打ち水に誘った。最初は、水をためる団体なのに、なぜ水をまかなければならないのだろうか？　とかなりの葛藤があったようである。しかし、水をまいているうちに、水をためるという行為が水循環の中間を担っている活動であること、水循環全体を考えることがためるということにとって重要なことを体感してきている。

水害の話に戻ろう。二〇〇六年七月二一－二三日、鹿児島北部で大水害が発生した。一方、七月二三日は福岡市内で打ち水のイベントがあり、天候は不安定であったが、なんとか晴れて打ち水を実施した。その時、川内川流域では大変な水害になっており、福岡打ち水グループにもその情報が届いていた。打ち水に参加した若者たちも鹿児島の水害を心配しながらの打ち水となった。

七月二四日、川内川の川仲間からメールが筆者の所に飛び込んだ。「水害ボランティアに来て欲しい」と。

打ち水メーリングリストに「打ち水をやった学生達を水害ボランティアに出したいのですが、資金援助を打ち水の親人達がすることは可能でしょうか？」と。全国の打ち水仲間はすぐに同意し、口座を開設して欲しい、という話になり、山下さんの関係する福岡地震の時に設けた空の口座が、資金うけ入れ窓口となった。打ち水が水害ボランティアと化けた瞬間である。

夕刻に話が始まり、翌日の夕方までに二〇万円を超える資金が集まり、その翌日には、学生達が川内川へと走った。

「打ち水」は中流の活動であるということである。水をまくためには、水をためなければならない。水をまいたらその行方にも関心がいく。水はゆっくり流れたほうがいい、水を循環の途中でためることが重要であるなど、水循環の基本的な考え方が分かってくるのである。

本当に打ち水というのは不思議な活動である。水をまいて分かる水の循環。ただ水をまいてるだけであるが、その行為を通して人間は思いを馳せることができる。

洪水で困っている人がいるときに水をまくと、すごく罪悪感を感じる。これは不思議である。洪水で困っている人がいると水がまけなくなる。水をまいて分かる水の心なのである。「打ち水」をして分かったことは、人間は単純なことをやって、いろいろなことが分かる。これが祭りの心なのだ。怒って水をまく人はいない。

第六章　山・川・海をつなぐ水陸両用の神々と水の技術

――水域空間の文化人類学

合田　博子

はじめに

このプロジェクトで実施してきた数々のフィールドワークショップのなかで、九州地方の試みは大きな位置を占めている。ここでは、有明海沿岸の筑後川流域の二つの事例から、山・川・海をつなぐ水の技術と地域に根ざした「水の神々」の儀礼との関係に迫ってみる。

現在は、神も仏もないものだと人びとが思っている時代である。現代人は科学技術をもって自然に挑み、環境を改変していく。一方、昔の人も伝統的技術を駆使したが、自然の内に神の存在を見ていたから、技術革新とその維持管理に努めると同時に、変容する環境への応答の仕組みも工夫してきた。それが神の祭りや季節の節目ごとの儀礼・行事として、現在も各地で続けられている。

稲作に関わる技術である灌漑技術と、水をもたらし制御する「水の神々」の祭りや儀礼との間に具体的な関連を発見できたことは、地元の方たちとともに現場に立つフィールドワークショップの場によって得られた大きな成果である。ここで得られた発見を紹介し、今後に生かす手立てを探っていくのが本稿の目的である。

一　水の聖性と水の技術

日向国の高千穂峯に天降った天孫ニニギノミコトは、その稲穂の実るさまを表した名前から、稲魂を象徴する神だといわれている。宮崎県の夜神楽の里、高千穂では、天孫たちが「水の種」を運んできて天真名井が湧いたのだと伝えている。天からやってくる神や英雄が、稲や麦の主幹食料や、養蚕、鉄、火などの技術を携えてきたという神話は、ギリシア神話のプロメテウスを持ち出すまでもなく世界中に分布している。このような栽培植物や生産技術の起源を語るモチーフが、「水の種」の概念も創作したと理解すれば、生産技術としての灌漑技術を伝える伝承があっても不思議ではない。

また、各地の寺社祭礼において、すでに人びとの記憶からはそのつながりも忘れられた遠くの地から、かつて儀礼のための神水が届けられたという伝承が残っていることがある。東大寺の春を告げる「お水取り」も、これから述べる北九州の多くの神社の「お汐井採り」も、遠くから聖水を送り届ける習俗を伝えている。

高天原から水の種をもってきたという伝承は、天孫の神々と地上の高千穂の人びとを結ぶために必要だったに相違ない。神の末裔である天孫や、氏神を祖先として祀る地域の有力豪族が、それ以外の人びとと地域社会を形成していく上で、同じ水によって共食するという行為は、まさに「同じ釜の飯を食う」という以上の意味をもっていたであろう。人びとが同じ地域空間に共住し協働する地域社会にとって、水を共有する意義が見えてくる。

『記紀』や『風土記』、寺社の「由緒記」など、舞台となる地域の文書記録のみならず、現地の山・川・海の地形や建物・記念碑の空間配置に身をおいて、改めてその空間の履歴がもつ意味を読み解く試みがもたらした発見とは何であったのか。地域空間の場に伝えられた祭祀・儀礼の行為のうちに、われわれは技術の伝承をも読み解くことができたのである。

二　海・川のあいだの取水技術と水神の祭祀儀礼

1　佐賀県神埼市城原川の「神水（シェー）採り祭り」〈事例1〉

佐賀平野を流れ有明海に注ぐ筑後川の支流である城原川《じょうばるがわ》流域に、「神水採り祭り」という伝統的な祭りがある。神埼市千代田町在住の「城原川を考える会」代表の佐藤悦子氏による報告は以下のようである。

旧千代田町嘉納地区の男性住民は、毎年一度、年間のうちで特に潮位の高い九月一二日に近くの城原川の川辺まで行列して行って川の水をくみ、矛先につけた天狗の面に振りかける。水は神水

写真１　嘉納地区の猿田彦の石碑

（シェー）と呼ばれ聖なる意味を持っている。

この祭りは、かつて城原川中流域の多くの地区で行われており、今もいくつかの地区に残っている。嘉納地区の古老によれば、その祭日に合わせて一二日祭りともいった。

嘉納地区の神社は現在天照大神を祀るが、天満宮としての古い扁額も残り、猿田彦社も合祀している。しかし、平安時代に始まる菅原道真を祀る天満天神の由来がとくに語られるわけでもない。天満天神以前か、またはそれ以外の天神を想定したほうがよいと考えられる（合田 二〇〇三）。この天神は天満宮に江戸時代から保管されていたという天狗の面に具現化された猿田彦として捉え、その神格は山の神であり、水の神であると想定しておこう（**写真1**）。

境内には猿田彦の石碑が建っている。しかも城原川流域一帯のどの神社でもわれわれは猿田彦の石碑に出合った。この事実から、具体的に嘉納の住民や流域の人びとが信仰してきたのは、天狗の面に象徴される猿田彦であると考えられる。また川やクリークの水利の恵みを、潮の干満を司る月に祈る「二十三夜の月待講」を、城原川中流域の人びとは少なくとも江戸時代から継続しており、地区の集会所の

写真2　城原川フィールドワークショップ（2005年）

横にやはり記念の石碑が建っている。

「神水採り祭り」の執行のために、地区の全戸の戸主が毎年当番を務め、その役割を「施主」と呼ぶ。これは、一般に平安末期から中世以来、畿内を中心とする地域によく見られ、九州にも存在する「宮座」や「当屋制」といわれる祭祀組織に近似している。

毎年の施主が交代する儀式は「ツーワタシ」と呼ばれる。城原川中流域の人びとは、儀礼過程の詳細、お供えや直会《なおらい》（儀礼後の神と人との共食）のメニュー、会計記録、当番の人名記録などを記した「通帳」を次の当番に渡すからであると説明する。

近畿地方の宮座や当屋制の交代式は「とうわたし」といって、当番を渡すからと説明されている。おなじ九州でも、大分県などでは、「当屋」や「とうわたし」と呼ぶ地域もある。

佐藤氏の調査の後、二〇〇五年一〇月に開催されたフィールドワークショップのなかで、城原川の流域を上流から下流までつなぎ合わせた長い地図を前にして、嘉納以外の地区に残る祭りの詳細や交代式の名称も、筆者は直接に聞き取ることができた（**写真2**）。

かつては行列についていく子どもといえども、男子だけが行ったのだという。一般的に宮座や当屋制では、儀礼の準備や執行には男性のみの出席が原則である。

さらに、佐藤氏による聞き取りで強調されていたことだが、水を採るポイントが本来は重要であった。現在行く場所よりもっと下流に近く、「アオ取水」という特殊な農業取水技術を用いることが可能な地点まで、神水採りに行ったというのである。

どこでも採れるただの川の水では「神水」になりえない。「アオ取水」とアオについては、次の事例2を述べた後に詳しく検討する。

「神水採り祭り」は、戸主が毎年当番で施主を務めるべき地域共同体の祭りであること、その目的が農業生産に不可欠な水利技術と関連すると見られることが重要であった。

2　福岡県大川市花宗川の風浪宮「お汐井採り」〈事例2〉

北九州の多くの神社において、主祭に先立って「お汐井採り」と呼ばれる儀礼が行われている。祭りの開始に臨み、儀礼の場、儀礼に携わる人びと、儀礼に用いる道具などを水で清めるこの儀礼は、主祭日の前日か、当日の早朝に行われることが多い。

同様の祭りの開始を告げる水の儀礼は日本全国の神社で行われており、さまざまな形をとっている。たとえば兵庫県南部の沿岸部の秋祭りでは「潮掻き」といって、祭りの当日の早朝に、神輿を担ぐ青年たちが海に入って身を清める。大阪の住吉大社の「神輿洗い」では、神輿そのものを川に担いで入り清める。兵庫県南部のため池密集地である加古台地では、ため池の守り神である天満神社の神輿は池のなかで担がれる。いずれも神社に近い水域空間である海や川や池の水で清めるところが共通である。

しかし北九州で特徴的なのは、祭りの開始を告げる水の儀礼がすべて「お汐井採り」という共通の名称で呼ばれ、内容も水源から水を汲んできて祭りの場を清めることである。この名称を文字通りに解釈すれば、潮水すなわち海水を採ってくることだが、実際には川の水や、海の砂、川の砂の場合さえある。「汐井」とは果たして何を意味するのだろうか。

この疑問を解くために、佐賀県の神埼市付近と筑後川をはさんで向かい合う福岡県大川市の海神の神社・風浪宮《ふうろうぐう》の二月例大祭に先立つ「お汐井採り」の調査事例を紹介しよう。

この神社は少童宮《わたつみのみや》という扁額を掲げ、海神（上津少童・中津少童・底津少童）と、海神を祀る司祭である海民の頭領・阿曇磯良丸《あずみのいそらまる》を祀る神社である。神功皇后の神話にからむ伝説を伝え、宮司家はこの阿曇磯良丸から続く子孫だと伝えている。

『記紀』のイザナギノミコトの水による祓いの場で、天照大神やスサノオノミコトに先立って生じた少童三神は同時に生じた住吉三神とともに、神功皇后の国内外の海戦において皇后の船を海難から守った海神として多くの伝説に語られている。北九州には福岡県志賀島の阿曇宮司家が祀る志賀海神社、対馬の和多津見御子神社（今は天神社）など他にも磯良からの起源を伝える神社がある。海民は移動してきたので、その起源は伝説に包まれているが、風浪宮の境内にはドルメン型墳墓と目される巨石の「磯良塚」があり、ここが古代から海民が海と川の生態環境に拠って生活を営んできた場であったことは事実であろう。

大川市は家具生産の町として知られているが、最初は水車をつくることから木工の伝統は始まったという。この地域の住民の先祖は、海から川をさかのぼり山に至り、木材を伐採し筏に組んで下流に運び、水車をつくり、水を引き田畑を耕してきたと考えられる。

神社は筑後川につながる水路である花宗川のほとりにあり、「お汐井採り」の場であるお旅所の日吉神社も、花宗川のさらに海に近い下流に面している。

二〇〇六年二月一一日例大祭の当日の朝、われわれのプロジェクトの面々は、風浪宮を出発して「お汐井採り」のために日吉神社に向かう行列について行った。想像していたより簡素な行列で、水を汲む桶をもって馬に乗った氏子の代表者数人の行列は、旧道沿いに商店、工場、民家が建ち並ぶ細い道を粛々と進んだ。あとで広い道を通って戻ったときに気づいたのだが、「お汐井採り」の行列が通った旧道は神の道であったと筆者は考えている。旧道を歩いていくと小さな神社が次々と姿を現したからであり、その密集度にわれわれは驚いた。しかも不思議なことに、その神社のほとんどが天満神社であった。天満神社以前に天神信仰が存在したと先に述べた。詳細は省略するが、その天神は雷神と水神の神格をもっていた。

写真3　花宗川のアオ取水・酒見水門（田中秀子氏撮影）

行列が到着したお旅所の日吉神社の境内は花宗川に面し、川に降りる階段があってそこから水を汲むということであった。また、この地点から神功皇后の水先案内人である阿曇磯良丸が白鷺に導かれて上陸し、今の風浪宮の地に宮を建てたことになっている。

事例1の城原川のフィールドワークショップでお世話になった筑後川流域の河川事務所の方がここにも同行してくださった。彼女は市民の視点で川の現状と未来を見据え、伝統的河川技術を調査しておられる。花宗川には城原川と同じく「アオ取水」が行われていて、平成のはじめまで残っていた。その日の午後、花宗川でただ一カ所残るアオ取水門の酒見水門に案内された。「お汐井採り」の水は、必ずしも阿曇磯良丸の上陸地点と伝えられる日吉神社の川岸ではなく、かつてはこの酒見付近で採ったという説もあるということであった（**写真3**）。

筆者が行列について日吉神社に到着したとき、神殿の屋根に小動物の像が乗っていることに気づいた。一瞬河童かと思ったのは、筑後川のシンボルマークが河童であること、もともと筑後や肥後の川には河童の民間伝承が豊富であることが頭をよぎったのだろう。しかし、そこが日吉神社であることで、像は河童ではなく猿であることが分かった。この錯覚は後に筆者に大きなヒントを与えるきっかけとなる。

三　水域空間の神々とそのネットワーク

1　汽水域の灌漑技術「アオ取水」

かつて筑後川の支流のいくつかで見られた「アオ取水」とは、川から農業用水を取水する際の特殊な技術である（田中 二〇〇四、佐藤 二〇〇七、先哲遺徳顕彰会 一九七二）。有明海は潮の満ち干の激しい海で、その干満の差は最大六メートルにも及ぶという。そのため、満潮時には潮水が川のかなりの中流域にまで流れ込む。このような川からは農業用水として取水することができないのが普通である。

しかし、海水と川の淡水が混合する汽水域において、「アオ取水」という淡水だけを取り込む高度な技術が存在した。有明海の筑後川とその支流の流域では、田畑や屋敷地にまでも縦横に張りめぐらされたクリークという堀をつくることによって、川から直接に取水するには困難な、広大だが緩やかな階段状の傾斜をもつ佐賀平野に、灌漑用水を確保する工夫を発達させてきた。クリークの存在はポンプによる揚水技術の進歩や一九八五年の筑後大堰の完成までは、この地域の農業や生活用水にとって重要な役割を担っていた。

それでも、降雨量が少なく川の水位が低くクリークの水量も乏しいとき、台地にある水田に取水するのに威力を発揮したのが「アオ取水」である。つまり、潮位が上がると大量の海水が川に流れ込み川の水位が上がる。そのとき、海水と淡水は比重の違いによって、比重の重い海水が底流となって、軽い淡水を流れの上層に押し上げて逆流してくる。そこを利用して、水門上部の取水口から上層の淡水だけを田に取り込む技術を「アオ取水」と呼ぶ。

この取水技術で得られた貴重な淡水をアオといった。事例1で紹介した城原川流域では、もうアオ取水は行われていない。しかし、水門操作の技術と地点の情報を継承している人たちが個人的にアオを取り、それでお茶を淹れて楽しんでいるという。また、復元された水車群で名産のうどんを製造しているが、原料の水としてアオを使おうという案もあるという。それはアオが美味で、アオに浸けた餅などが腐敗しにくいという特性を熟知してのことである。アオは名水であり神水に通じる。近くには神水川《しおい》と呼ばれる支流もある。

アオをめぐる地元の話題の盛り上がりは、農業水利のみならず、城原川流域の人びとの生活文化を、クリークとともにアオが担っていたことを伝えてくれる。ちなみに全国の他の地域でもアオ取水は行われていたということだが、この地域にごく最近まで残っていたのは、農業水利への必要性のみならず、生活文化への浸透度が特に深かったのかもしれない。

写真4　仁比山神社の額「山王大権現」

2　汽水域の神々

天狗ー猿田彦ー山王と神仏習合　二つの事例に共通に登場しているのは猿田彦である。まず、城原川流域の猿田彦から見ていこう。「神水採り祭り」を行っていた嘉納地区の天満宮に、江戸時代から保管されていたという天狗の面に注目しよう。全国の多くの祭りで神輿の行列を先導する役目として天狗が登場する。天降った天孫を伊勢に導いたのが猿田彦であることから、この先導役の天狗は猿田彦と同一視されることが多い。

一方で天狗は山岳修験の修験者の姿とも結びつけられる。嘉納地区には日吉神社はないが、城原川の少し上流で川の分岐点を見下ろす位置に仁比山神社がある。いまは神社となっているが、奈良時代の高僧で河川やため池を拓いた行基の開基といわれている（**写真4**）。

また、城原川と同じく有明海に注ぐ嘉瀬川上流の與《よ》止《ど》日《ひ》女《め》神社は川の女神を祀るが、その神宮寺である実相院も行基の開基である。彼の生まれは和泉国だが、百済系渡来人の父を祀る高志神社が城原川沿いにあり、行基開基の由緒にリアリティーを与えている。

明治初年に神仏分離令が出るまでは、神仏習合の神仏信仰が日本の宗教土壌であった。仁比山に伝わる山と水の信仰は、後に比叡山延暦寺とその地主神・山王、すなわちオオヤマクイ神を祀る山王日吉神社との神仏習合の聖地として、また天台系の修験の山として、この地方の重要な拠点となり今日に至っている。


山童―川童―海童の変換　山の猿は、山王の使いとみなされ山の神に連なる存在として扱われていた。また、筑後や肥後の川筋に豊富な河童伝承は、河童を川童《かわわろ》と呼び、春から夏は川辺で子どもたちを川に引き込む悪意の妖怪として捉える一方、秋から冬は山に棲み村人に恵みをもたらす山童《やまわろ》、すなわち山の神のお使いの猿として大事にした。この動物は変換可能な両義性をもった存在として同一視されていたといえる（アウエハント一九八九）。

ここで、事例2の同じ筑後川流域の反対側の岸にある風浪宮の「お汐井採り」を思い起こそう。風浪宮は少童とも海童ともいわれる童子形の海神を祀る宮で、祭祀者は古代の神功皇后の水先案内人で海民の頭領・阿曇礒良丸である。阿曇一族の分派は海に沿って各地に移動した。川をさかのぼって長野県の安曇野や、滋賀県の安曇川《あどがわ》上流に達したことを検証する歴史研究もある（村山一九九七）。海童は川童でもあり、山童でもありうるのである。

事例2の風浪宮のお旅所である日吉神社の屋根の上の猿像を、一瞬河童と見間違えた筆者であったが、河童が川童と山童の両義性をもつならば、さらには海童と捉える視点も生まれてくる。とくにアオ取水の技術と文化が存在する土地柄であれば、汽水域には海童も川童も存在可能であろう。

猿田彦―水陸両用の案内人（パイロット）　民間伝承の河童が出没の時期と場所によってその姿を変えるように、猿田彦も、両義性をもってその姿と役割を変えるのだという発想があってもよい。水陸両用の案内人・猿田彦の登場である。『記紀』に記される猿田彦は、天孫降臨の際、先住の八衢《やちまた》の神として高千穂の地上にいた。アメノウズメノミコトとの邪視の緊張をはらんだ出会いは平和裡になされ、陸の案内人として天孫を伊勢に案内し、この女神と結ばれる。

その後海中で貝に挟まれ、おぼれながら海の泡から神を生じさせる猿田彦も『記紀』に語られている。海中であがくさまは、山幸彦に復讐され洪水にあがく海幸彦と、その末裔といわれ大和朝廷に服属していく隼人の舞をほうふつとさせるものがある。

筆者の調査している兵庫県南部のため池地帯の加古川周辺に、古代から開けた港近くの住吉神社が数多く存在する。高砂の尾上神社はそれらの住吉系神社の一つだが、朝鮮鐘が保管される宝物殿に案内されたとき、畳一畳もあろうかという木製の天狗の面が展示されていた。説明を求めると、住吉の人びとが乗っていた船の帆先に飾られていた天狗の面なのだという。二〇〇六年の筆者による聞き取りでは、航海の無事を祈る魔除けであろうと宮司さんは述べられた。しかし、筆者は陸の案内人である猿田彦が、水陸両用のパイロットとして海や川の水先案内人でもあったことをここで確信した。東南アジアの船の正面に描かれた目玉を見てきた筆者にとって、船を先導する眼と、猿田彦の呪力を孕む邪視とが一致したのである。

おわりに

1　汐井の多義性

汐井とは不思議なことばである。海からの潮水だけでなく川や泉から採る真水もある。さらに海辺の砂を指す場合がある。福岡の住吉神社の本宮という那珂川町の現人《あらひと》神社で頒布するお汐井は海砂であるが、境内には御神水が湧いている。佐賀県基山付近の住吉川の水源の砂を「筒の汐井」という（吉田二〇〇五）。海民が祀る住吉神社が山の汐井に関与するのである。

九州の修験道の中心地である英彦山神社の「お汐井採り」も興味深い。英彦山から重要な儀礼である旧暦二月の「松会」に先立ち、「お汐井採り」の行列が出発する。川の上流から道中の村々で接待を受けながら河口の行橋まで達し、真夜中に海辺の窟尾にある姥《うば》が懐《ふところ》の聖地付近で、修験者たちが身を清めお汐井を採る。一般の人びとは決して見てはならない秘儀である。そのお汐井を山上の神社まで運び、境内を清めたのち儀礼が開始される。二〇〇六年、英彦山のフィールドワークでの聞き取りによると、お汐井は海からの潮水であるという。

一つの仮説にすぎないのだが、お汐井は姥が懐に湧きだす真水の可能性はないだろうか。「英彦山のお汐井採りの聖地」を示す石碑が姥が懐に立っている。姥が懐は、この地の海民たちが信仰してきた山幸彦と豊玉姫の御子の海辺での誕生と、海中の竜宮に帰ってしまった豊玉姫に代わって乳母となった妹の玉依姫の伝説を伝えている。海の女神を祀る海民たちと英彦山の修験者たちは、海と山の交流を千年も続けてきたのである。英彦山の周辺に四十九窟と呼ばれる水の湧く聖地があり、修験者が修行で籠った行場であるという(佐々木 一九七七)。姥が懐のある窟尾の窟も、もしこの聖地の一つであったとすれば、湧き出る真水が聖水ではないかとも思えてくる。山の湧水と通じる伏流水なのかもしれない。

お汐井の多義性から出発した疑問はいまだ解かれるものではないけれど、山・川・海をつなぐ水域空間の連続性と重層性を、水をめぐる神々と人びとの交流を通して垣間見せてくれたのだと考える。

2 「水がら」に生きる神々と人びとのネットワーク

今回は述べられなかったが、神功皇后とその忠臣・武内宿禰や水先案内人・安曇磯良丸をめぐる神話群は、八幡信仰と、海民が祀る住吉信仰や少童信仰との複合体となって、九州を超えた強力な宗教的ネットワークを形成している。日本人の地域空間への認識、つまり、地域の人びとが現地で編み出した自然との駆け引きの系譜は、稲作の生産技術に加えて、生産と分配を調整する地域社会集団のあり方と、神仏を介在させた環境把握の仕方という社会文化的環境の視点から読み解くことができる。

風土とは、人間と環境との相互関係をあらわす言葉である。稲作の民、日本人にとっては、水土という表現がよりふさわしいのかもしれない。新潟県のある古老が近隣の河川流域ごとの気質や習俗の差異を述べるのに、「水がら」という言葉を使ったという(北見 一九八九)。これは知識人によってつくられた漢語ではなく、水とともにあって稲作をしている人による、土地に根ざした言葉であろう。山・川・海をめぐる水域空間を共有する生産と生活の仕方が、その地の「水がら」なのである。水域空間の未来は「水がら」の継承にかかっている。

参考文献

C・アウエハント著、小松和彦他訳（一九八九）、『鯰絵』せりか書房。

北見俊夫（一九八九）、『日本海島文化の研究』法政大学出版会。

合田博子（二〇〇三）、「天神以前—行疫神・障辟神をめぐる環境民俗論」『姫路工業大学環境人間学部研究報告』第5号。

佐々木哲哉（一九七七）、「修験道彦山派の峰中修行」中野幡能編『英彦山と九州の修験道』名著出版。

佐藤悦子（二〇〇七）、『ふるさとの川　城原川』書肆草茫々。

先哲遺徳顕彰会（一九七一）、『成富兵庫を語る』。

田中秀子（二〇〇四）、「佐賀の川ものがたり⑤⑦筑後川」『GREEN&BLUE』。

村山修一（一九九七）、『修験・陰陽道と社寺史料』法蔵館

吉田扶希子（二〇〇五）、「二つの降伏之事（1）」『西南学院大学大学院文学研究論集』第24号。

第七章　地域づくりと実践的学問
――地域ネットワークの継承と再生を目指して

岡田　真美子

一　地域ネットワーク研究と学融合

1　地域ネットワーク研究の課題とねらい

声を掛け合い、鍵は掛けなくても大丈夫であったわが国の地域コミュニティ。そのような安全神話は近頃の都会では崩れ去っています。一方、農山村では人口減少のため地域活動が機能しなくなる「限界集落」と呼ばれる現象が起きています。高度成長期を経て、人びとのライフスタイルの変化とともに、寄り合い助け合う地域のあり方も変貌し、地域住民の連携や地域の安全性が失われるという事態が生じ、今日ではこうした地域環境の悪化からさまざまな社会的な問題が生まれています。

しかし、これらの複合的な地域環境問題を単独で包括的に扱うことのできる学問は、既存の研究分野には存在しません。そこで、異なる専門をもつ研究者が、共通の課題と関心のもとに、分散知を持ち寄って文殊の知恵を編み出してゆこう、という試みが始まりました。そこでわたくしたちも、流動性をもったメンバー構成で、あとで述べるような多様な専門をつないで地域環境問題に取り組むことを目指してきました。

環境問題の現れは複雑であり、解決策の編み出しも一筋縄ではゆきませんが、問題の起こる原因は単純です。それらのほとんどは、存在同士の関係性、バランスの崩れから生じているといっても過言ではないでしょう。存在間の関係性は仏教では「縁」と呼ばれ、「それに縁ってこれが生じる」と述べられる「縁起の哲学」はあらゆる存在・現象が単独では生起も存続もしないことを教えるものです。わたくしたちはこの「縁」の網に支えられ、バランスをとりながら生きています。ところが、二〇世紀に日本に出現した近代化の思想や科学技術によって、わたくしたちは、他の力を頼まなくても人が個別に生きてゆくことは可能であり、そのような生き方が、人に迷惑をかけない、自由な生活をもたらすと考えるようになりました。そのため「縁」は「しがらみ」であるとみなされて、自由で便利な生活を求める人びとによって断ち切られてゆき、縁が切れてゆくに従って、地域コミュニティはばらばらになってしまいました。

地域コミュニティの継承と再生を図るため、わたくしたちは、コミュニティにかつて張り巡らされていて、現在も何とか一部は残っている二つのネットワーク、①結縁ネットワークと②水ネットワークを取り上げて研究しています。

研究の方法は、現場を歩き、国際会議を含む集会をもって地域の人びとと語り合い、月に一度の定日研究会やeメール、地域SNS（後述）を駆使して情報交換し、その過程で得られたもののなかから、光るものや活動に通底するものを探るというものです。この作業をメンバーの竹村英樹さん（兵庫県庁）は「星座を探す仕事」と形容しています。つまり、夜空に点在する明るい星を結んで星座を作るように、それぞれの地域ネットの伝統のなかでなにが輝いているのかを見つけ出し、これをどのようにつないで形にしてゆくのかを示す仕事であるからです。

さらにまた、新しいネットワークであるICTによる絆を用いた活動（たとえば、地域通貨活動や地域SNS〔Social Networking Service〕および両者の合体）にも注目しています。このICTネットワークは、伝統的な地域ネットワークに通じる要素を内包していることが、今回の研究で明らかになってきました。この要素を見いだして強化することによって地域再生に寄与できるのではないだろうかと考えた情報技術の専門家メンバー和崎宏さんは、独自に「地域SNS」というネットワーキングシステムを編み出して、これを自主運用することによってユニークな実証実験研究を始めました。そのホットな情報もここであわせて報告いたします。

2　学融合をどうやって実現するか――文殊の知恵を目指す

「地域ネットワークの継承と再生」という課題に取り組むために集まった研究者たちの専門は、環境学、哲学、宗教学、文化人類学、農業土木、農村計画、地域経済、地域福祉、地域行政、会計学、統計学、と多岐にわたります。しかも、皆が地域に深い関心を寄せ、自らの専門を超えた学的興味をもって地域環境の改善に取り組んできている者たちです。加えて、これらの研究者とＩＣＴの専門家および地方行政の担当者との活発な交流を研究組織のなかに組み込んだことがグループの大きな特徴です。このチームが目指すのは、それぞれの専門的知識を生かしながら、しかも人文・社会・自然科学の旧来の壁を越え、官・学・民の立場にこだわらずに協働しつつ融合的な研究を行うことです。学際研究、学融合、異分野交流ということが求められてからしばらく経ちますが、単に異なる専門の者が集まるのみでは、お互いの学問方法論の違いが目に付くだけで、相互理解が進むどころか、逆に「そんなことでそれが証明されるのか」という不信感が募るばかりであることを、わたくしは職場でも社会でも目にしてきました。「融合的な研究を行うチームのメンバーは、すでに自らの内部で学融合を起こしていることが必要である」（島谷幸宏さん）というのはけだし名言であります。

融合的な研究の方法として、最適であるのが、桑子敏雄さんが編み出した「フィールドワークショップ手法」です。この手法は、その名前が示しているように「フィールドワーク」と「ワークショップ」を融合したものです。なにより現場主義であり、しかし同時に記録や伝承などの文献もしっかり収集探索し、他の地域との比較も考え合わせ、得られた情報を地域にフィードバックして共有することを重ねてゆきます。わたくしたちは、ヒットエンドラン方式の取材で報告を書くのではなく、同じ地域に足を運び、あるいはベースを据えて、現場での「新鮮な驚きや好奇心から出発して、地域にとっての関心事と問題意識を共有するところから地域を考えた」（合田博子さん）のでした。

研究室や役所を飛び出して現場に出かけていったわたくしたちは、地域の方々や自然からさまざまな驚きや発見を受け取り、また、それを地域に報告することで住民の好奇心を喚起し、地域への誇りや愛着を再認し、地域づくりの新たな元気を感じていただくことができました。この小論はそのようなフィードバックのなかから取り出された産物です。

二　日本のヨコネットワーク——日本は単なるタテ社会ではない

1　友——第四の縁「仲間」ネットワーク

日本はタテ社会だといわれていますが、実はそれと並んで、自発的に結ばれる地域のヨコのつながり、「仲間」のネットワークが存在して、これがコミュニティを醸成してきたことが分かりました。

かつてはコミュニティをつくっているのは「地縁」と「血縁」であると考えられてきました。これらの二縁はそれぞれ、その土地に住んでいる者どうし、血のつながりがあるものどうし、という必然的関係性です。これらの必然的ネットワークである二つの縁を解体する第三の縁の存在を指摘したのが網野善彦でした。彼は無縁所の研究を通じてこの第三の縁を明らかにして、その成果を『無縁・公界・楽——日本中世の自由と平和』として発表しました。

しかし、この「無縁」それ自体は地域コミュニティを形成しているネットワークではなく、むしろネットワークを断ち切るものです。地域コミュニティを取り結ぶ関係性として、地縁・血縁以外にはないのか、ということを考えていて思い当たったのが、断ち切られたあとには新たに結ばれる縁があるはずだろう、ということでした。それが今回の研究で浮かび上がってきた、自発的・恣意的に結ばれる「仲間」ネットワーク・結縁です。「仲間」ネットワークは、自発的な参加による水平的な人間関係をもつ者の集まりです。

「仲間」ということばは、意外に古く、地域の構成員を指す由緒正しい用語です。研究グループメンバーの古賀弘一さんのフィールドである石巻市北上町長尾には「契約講」という戸主講が残されていました。この講が伝承してきた江戸時代の『契約格式面附伝帳』は、講員を「仲間」と呼んでいます。

2　保——閉鎖性と定期性で関係保持

「仲間」ネットワークの重要な属性の一つに〈閉鎖性〉があります。現代にあって〈閉鎖性〉はマイナスのイメージが強く、地域研究者の共感を呼びにくい要素となっています。しかし、その閉鎖性は、更新の可能性を備えているのです。講員の出入りがあるからです。契約講は、跡継ぎが嫁取りをするとこれが戸主となり、先代に代わって講員となりますし、また、次に述べる、嫁講である観音講は、家に新たに嫁が来ると、姑となったものは観音講を「上がり」、念仏講などに移ったりします。水平ネットワークのゆえんです。

このような流動性を備えた閉鎖系集団のもつ居心地の良さや安心感は、信頼関係の醸成には効果的です。兵庫県庁健康コミュニティ研究会のグループが調査した山梨県では、このような閉鎖的な社会的紐帯が健康寿命の延長にも一役買っていることが報告されました。

写真１　復興した講（久保一式お日待）

「仲間」ネットワークは先に述べた三つの縁――地縁・血縁・無縁のいずれでもない、第四の縁として注目すべきものであることが分かりました。この縁をわたくしは伝統的な仏教用語を借りて「結縁《けちえん》」と命名しました。

伝統ネットワーク「結縁」のうち代表格であるのが「講」です。これは二〇世紀の大きな社会的変化を経て今日なお生き残っています。もともとは奈良時代に貴族たちが仏教経典を講じる法会を催したことに端を発し、平安時代以降庶民の間にも広まり、後にはさまざまな定期的集会として人びとの生活を彩ってきました。寺院参詣を行う本来の講もまだ残っています。わたくしの住む寺にも鬼子母神講という婦人講が毎月八日に行われています。また、二〇〇五年一一月一六日石巻市北上町十三浜の長観寺（曹洞宗　小松孝雄住職）の嫁講、観音講をフィールドワークしたところ、初席（新入者の初参加）の若い女性の姿がありました（http://indranet.jp/jinsha/051116-7.html に写真掲載）。

兵庫県北部の村岡町の商店街では近年月に一度正午に集まる観音講が、愛知県小牧市久保一色では「お日待ち（講）」が復活しています。講には、決まった日に寄り合うことによって人的ネットワークを更新して絆を強め、関係性を保つ働きがあります。久保一色のお寺の駐車場で行われたお日待ち共食で、料理をしたのは写真奥の男性たちで、手前の女性たちはお客です。「お日待ち、やりてぇな」という光吉翁のひとことに、地元の若い人たちが軽く「ええよ」と応じて、昭和四五（一九七〇）年頃消滅し三三年間途絶えていた伝統行事を復活したということでした（リリオの会、今枝久さん談。**写真1**は二〇〇七年一一月の取材の折に撮影）。

このほかに、「頼母子講」などの経済的な互助組織や、農村社会に存在した（する）協働と助け合いの仕組みである結《ゆい》も「結縁」でした。先の長尾の「契約講」も、入会であった山が明治に「村持ち」になり、戦後講員メンバーの分筆共有となって財産管理の講になりましたが、もともとは「結講《ゆいこう》」です。なお、結は、ところによって、手間替え、もやい（舫い）などとも呼ばれています。

3　防――地域ネットワークの防災機能

結によって形成された「仲間」ネットワークは、地域防災にとっても重要です。そこで思い出すのがため池です。森下一男の研究によると、阪神・淡路大震災の折、被害の大きかった淡路島のなかで、北淡町・一宮町は大震災翌日に行方不明者ゼロでした。その最大の要因は、水利団体組織である田主組織

写真2　第2回ため池シンポジウム

等により培われた「農村特有の人と人のつながり」にあると指摘されています。水不足に苦しんできた土地柄は、ため池管理を中心とした独特の農村ネットワークをはぐくんできたのです。

農の貴重な水利施設であったため池は、この頃ではこのような防災や環境、文化といった視点からも地域の宝として見直されつつあります。わたくしたちの研究グループは、人文・社会科学振興プロジェクトの「日本の空間学研究グループ」「青の革命と水のガバナンス研究グループ」、兵庫県、農水省、国交省などの協力を得て、二〇〇六年一一月、世界初の「国際ため池シンポジウム」を開催しました。スリランカと韓国から迎えたため池研究者による講演、パネルディスカッション、分科会および全体会を二日にわたって展開し、ため池の多面的機能に注目が集まりました。

こうしてため池保全がはぐくむ地域ネットワークの重要性は人びとの共感を呼び、あくる二〇〇七年九月には愛知県半田市で、第二回ため池シンポジウムが開かれました。蔵治光一郎「水のガバナンス」研究グループ長は、事務局長となって力を尽くしました。講演やパネルディスカッション（**写真2**）はもちろん、熱気あふれるポスター展示やフィールド観察会の盛況ぶりは、研究者・行政・地域住民・市民活動団体など多方面の人たちの協働の高まりを感じさせました。そして幸いなことに、この試みは継続的なものとなり、二〇〇八年には奈良教育大学のお世話で、第三回のため池シンポジウムが開催されます。

4　散——社会的紐帯で気を散じて介護予防

水のネットワークの保持と並んで、心楽しい社会的紐帯が地域づくりの核になることを確認できたのも大きな収穫でした。

仲間との楽しみがあると気が散じ（＝晴れ）、健やかな精神を保つことにつながります。山梨大学大学院医学工学総合研究部社会医学講座の山縣然太朗教授の研究では、健康寿命（＝平均余命－寝たきり年数）を延ばす原因の一つに、良好な社会的人間関係があげられ、なかでも盛んに行われている「無尽（講）」が大きな役割を果たしていることが明らかにされました。山縣教授の研究のフィールドであった旧秋山村（二〇〇五年二月一三日合併により現在上野原市）は、合併前には高い健康寿命のために、日本一介護保険が低額である自治体として知られていました。

この無尽講というのは、もとは経済的な相互扶助の組織でした。現在では、沖縄や会津の無尽（講）と同じく、山梨の無尽は仲間の定期的な飲み食いの会です。職場や地縁を超えているために異業種交流

写真3　吉田屋無尽五日会

会という人もいます。

介護予防への関心から「健康コミュニティ研究会」を組織していた兵庫県行政担当者グループ、竹村英樹、芦谷恒憲、久戸瀬昭彦、松田竜一氏らは山縣教授の「社会的ネットワークが緊密な地域は健康寿命が高いという仮説は、非常に魅力的」であると感じました。そこでこのグループは、山縣教授を招いて研究について学んだあと、山梨大学の研究室や山梨県庁を訪ねて話を聞き、ついに二〇〇七年八月には、堀内眞さん（富士吉田市歴史民俗博物館）の協力で、吉田屋無尽五日会（早川定雄会長）の現場を取材することに成功しました（**写真3**）。フィールドワークの目的は、「無尽」が健康づくりに役立っているという山縣教授のお話や文献調査を踏まえ、「無尽」の現場を実際に体験してみて、人と人とをつなぐ場として「無尽」は地域でどのように評価されているのか、そして、「無尽」

への参加が人びとの健康増進にどうつながっているのかを確認することにありました。

吉田屋無尽五日会は、二日間にわたってこの取材を受け入れるかどうか論議した後、健康コミュニティ研究会が無尽会に臨席することを許し、その席上無尽の効用について話し合いました。研究会の報告によると、「無尽」が気散じ、気晴らしになるばかりでなく、「無尽」に参加する楽しみが、「無尽」までに仕事を片づけようという意欲を喚起して生活にメリハリを与え、「無尽」内での役割意識が生きがいに結びつくという効果があるそうです。また、「無尽」の目的は、時代の変化により、事業資金の融通を通じて生活を支え合うものから、食事や旅行を通じて楽しみや生きがいを支え合うものに変化しても、会員相互の助け合い精神は継続し、地域住民の健康保持に役立っていることが分かりました。

三　結縁の特性と近未来の結縁ツール

1　友保防散

桑子敏雄さんをリーダーとする日本の空間学研究グループが「游・歩・謀・讃」を旗印にしたのに倣って、わたくしたちの地域ネットワーク研究グループの研究成果を前記のように「友・保・防・散」とまとめてみました。「日常のヨコネットワークが友情を保つ仕組みは防災に役立ち、地域の抱えるリスクを分散させ、地域の人びとを健康にさせる」ということになります。

このような地域に残る結縁「仲間」ネットワーク」をフィールドワークするなかで、いくつか共通した要素が浮かび上がってきました。竹村さんが「星」と呼んだものです。これを次に列挙してみましょう。

プロジェクト性　明確な目的をもって集まり、成就の暁には解散する（たとえば代参講は全員が順番に代表で参詣することが終わると解散する）。

自発性　自らがその縁を結ぶことを願い出、関係性の継続を図る。

定日性　定期的集会を、多くは月に一度、第何曜ではなく何日と決めて行うこと。ネットワークを更新し結びつきを強化する。

柔軟性　目的達成のためのルールの変更は可能、組織は柔軟で、メンバーを固定不変のものとしない。

越境性　宗派、経済格差、身分を超え、また村落の境界などの地理的境界をも越えることあり。

閉鎖性　ただしメンバー更新の可能性をもち、適度に居心地よく閉じていること。

入れ子構造　グループ内グループの存在もある。

越境性と閉鎖性などは、項目だけを見ると矛盾した要素が並置されているようですが、事実はそうではありません。既成の枠を越えたメンバーによって成り立っているネットワークですので越境性を属性としてもつ一方で、共通の目的をもつ仲間の気の置けない集まりであるということで閉鎖性をも備えているというわけです。

ヨコネットワークをデザインするときには、前記に項目化して掲げた要素を考慮するとよいでしょう。

2　ICTと地域通貨――近未来の「仲間」ネットワーク保持ツール

前項でご紹介した、伝統的な要素内蔵のネットワークシステムが現代によみがえりました。これがはじめにご紹介した地域SNSです。なかでも、和﨑宏さんがデザインしてマネジメントしている地域SNS「ひょこむ」はユニークな仕掛けをもっています。

入会チェック　まず、入会時にメンバーからの「招待」がないとネットワークに入れないのはミクシーなど一般のSNSと同じですが、「ひょこむ」は「招待者」が新入候補者の身元を保証し、個人データが正しく、十全に届けられるかどうかをきちんとチェックします。

後見　入会した後、すべてのメンバーにつきます。舞台の後ろに控えていて、なにくれとなく支援を与えるので「後見」と呼んでいます。これによって「ひょこむ」のなかでの活動の仕方の指導や、他の仲間への紹介を得たり、スムーズに馴染むことができるよう後ろ盾になってもらえたりします。もし、不適切な言動があった人には直接非難するのではなく、後見を通じて注意してもらいます。まことに日本的なこの仕組みは、割合効果的に機能しています。

閉鎖性とのれん　地域SNS内のコミュニティばかりでなく、ブログの公開範囲、限られた範囲にメールを送るグループも設定することができます。メンバー限定の心地よい「閉鎖性」を自由につくり上げることが可能です。目の届く、信頼性の高い地域SNSであるために、ネットワークが大きくなりすぎると「のれん分け」をします。その後は、地域SNS同士がネットワークするようになります。

二〇〇七年八月、神戸の兵庫県公館で開かれた地域SNS全国フォーラムには超満員の参加者があり、

写真4　地域SNS全国フォーラム

関心の高まりを感じました（**写真4**）。わたくしたちの研究グループは、二〇〇四年一二月に同じ公館で地域通過国際会議を開催して、コミュニティ通貨実践団体間の意見交換を行いました。その後地域通貨活動は電子化、自治体との協働という新しい方向に展開していました。これを受けて、地域ＳＮＳ全国フォーラムの分科会では総務省の電子地域通貨実証実験に取り組んだ団体を招いて、地域通貨活動と地域ＳＮＳに関しての討議がなされ、この二つの活動には大いに親和性があるとの結論に至りました。わたくしたちは大いに力を得て、「地域通貨『ひょこポ』を語ろう♪」というコミュニティで論議を重ね、その成果を受けて、地域ＳＮＳ「ひょこむ」は地域通貨「ひょこぽ」の実現に成功しました。今後は他の地域通貨と情報交換を中心としたネットワーキングが始まります。「ひょこむ」コミュニティが現代版「寄り合い」なら、電子地域通貨「ひょこぽ」は、現代の「頼母子講」というところでしょうか。

伝統的な日本型地域ネットワークの特徴を備えるハイテク地域ＳＮＳにはさまざまな可能性が感じられ、多方面から大いに期待が寄せられています。（参考）http://hyocom.jp/

　こうして地域づくりのための実践的な研究は単独で行うことは難しくなっており、今後ますますネットワーキングの度合いを増してゆくことでしょう。定日集会とＩＴコミュニケーションを併せて活用しつつフィールドワークショップを行うなかから〈文殊の知恵〉は生じることを記して、この小論を擱筆いたします。

参考文献

芦谷恒憲・竹村英樹・久戸瀬昭彦・松田竜一（二〇〇七）、「五日無人会訪問記」『富士吉田市歴史民族博物館だより』第二九号。

網野善彦（一九七八）、『無縁・公界・楽―日本中世の自由と平和』平凡社（増補版、一九九六）。

岡田真美子（二〇〇六）、「『講』の合力―伝統縁の可能性―」岡田真美子編著『地域をはぐくむネットワーク』昭和堂。

古賀弘一（二〇〇六）、「契約講と地域自治」同上書。

森下一男（二〇〇六）、「地域のなかのため池入門」同上書。

アーナンダ・ヘーラット著、ナヤナ・ペレラ訳（二〇〇六）、「スリランカのため池物語」同上書。

合田博子（二〇〇六）、「入が池と丹生郡比売」同上書。

大坪慎一（二〇〇八）、「簿記の哲学―「官の会計」とのつきあいから見えるもの」岡田真美子編著『地域再生とネットワーク』昭和堂。

中塚則男（二〇〇八）、「政策の宴」同上書。

和崎宏（二〇〇七）、『地域ＳＮＳ最前線―ＷＥＢ２・０時代のまちおこし実践ガイド』アスキー。

第二部　空間構造を読み解く「龍宮からの贈り物」

——環有明海の地域づくりに向けて

第八章　佐賀平野の空間構築
――ふるさとの見分け方と住民合意

桑子　敏雄

一　佐賀平野の風景

佐賀平野は、北の背振《せふり》山地と南の有明海の間に広がる平野である。こういうと、だれもが納得できる説明のように思えるだろう。たしかに、よく晴れた日に脊振山頂に登ると、折り重なる山の向こうに平野が開け、その向こうに有明海が見える。佐賀平野は脊振山地と有明海の間に位置している。だが、佐賀平野のどこにいても、脊振山地と有明海を同時に見ることが容易というわけではない。たとえば、佐賀市からやや東によったところを南北に流れる城原川《じょうばるがわ》のほとりに立つと、有明海は見えないからだ。

わたしが佐賀平野との出合ったのは、全国の川を舞台に活動している行政や市民が一堂に集って活動を紹介し合う『川の日』ワークショップ」でのことである。二〇〇〇年に開催された第三回のワーク

写真１　城原川と背振山

ショップで、前年にグランプリを獲得したのが九州の城原川だと知った。思いがけないことに、その後、わたしは、この川と深い縁を結ぶことになった。最初の二度の訪問は、城原川のすばらしい風景を愛でるため、そして、三度目は、城原川が背振山から佐賀平野へ流れだすところに計画されているダム問題の議論に参加するという辛い仕事のためであった。今世紀になってからのわたしの人生の大切な部分は、城原川と佐賀平野とともにあるといっても過言ではない。

城原川ダムの建設是非について話し合う城原川流域委員会は、二〇〇三年の秋から二〇〇四年までほぼ一年間、毎月一度佐賀市で開催された。わたしは、住民合意、合意形成の専門家として、流域委員会の議論に参加した。その間、何度か城原川のほとりに立って、この川はいったいどのような川なのか、その川にダムを建設するということがいったいどのような意味をもっているのか、そして一九九七年改正の河川法にうたわれている「流域関係住民の意見の反映」を実現するにはどうしたらよいかということについて考え続けた。

佐賀平野を城原川という観点から見ると、最初にも述べたように、見かけの構造はいたって単純である。北には背振山地が連なり、その山頂付近から流れ出る城原川が背振山地から流れ出ると、平らな佐賀平野になる。流れは平野を下って、やがて筑後川へとつながり、有明海へと至る。

雨量の増加とともに洪水の恐れがあるという理由で、ダムを建設するのが治水のためだということは分かる。だが、わたしには、委員会の議論の進行の過程で腑に落ちないものがいつもどこかに引っかかっていた。

日本の各地をめぐり、多くの川の風景に接してきたわたしは、城原川の風景を見るたびに、そこにはけっして見落としてはならないなにかがあると感じていたのである。

それがなんであるのか、城原川流域委員会の一年の議論の間には、まだ分からなかった。しかし、城原川には、議論されていないなにか大事なものがあるということを訴えるために、治水や利水の議論とならんで、環境や景観についてもっと議論するようにと繰り返し意見を述べた。けれども、実際のところ、景観については、ダムは建設された場合にはどんな風に見えるかという議論がほんのわずかなされただけであった。結局、ダムは治水のためには有効であるという結論となった。

わたし自身、そのとき、いったいなにをいっていたのか。城原川の風景についてしっかりと考えることが重要だとはいったが、なぜそのようにいったのか、自分でもよく分かってはいなかった。城原川の風景がなにかとてつもなく大事なものであるという「感じ」はしていたのだが、それがなぜ大事なのか、だれにとって大事なのかということを説明することはできなかった。

城原川流域委員会が一応結論を出してから半年が経過した。城原川と佐賀平野から遠ざかっていたわたしは、一年に一度めぐってくる『川の日』ワークショップ」で再び城原川に連れ戻されることになった。城原川流域委員会のメンバーであった神埼《かんざき》町（現在は神埼市）の佐藤悦子さんが単身で、城原川について考えてほしいという願いとともに、ワークショップの壇上に立って城原川を紹介したからである。佐藤さんは、ダムに賛成、反対ということではなく、城原川について深く理解すべきことを淡々と、ときに切々と、わたしも含めた審査員とすべての聴衆の心の深くに訴えた。わたしは、佐藤さんの思いに打たれ、一緒に考えようと決心して、再度城原川を訪れることになった。

二　「空間の再生と継承」

わたしが城原川を何度も訪れることになったことには、もう一つ重要な理由があった。独立行政法人日本学術振興会では、「人文・社会科学振興プロジェクト」という事業を行っていた。わたしがリーダーをしている研究グループ「日本文化の空間学構築」は、日本の各地に蓄積されている空間管理の知恵を掘り起こし、これからの国土づくりに生かすための方法について研究するグループであった。二〇〇三年から始まったこの研究は、最初の一年間で、グループのテーマを「空間の継承と再生」とした。この研究では、近代化の過程で疲弊してしまった日本の国土のなかで、継承すべき空間、再生すべき空間とはどのような空間なのか、継承と再生は、どのように行うべきなのかということが課題となった。

「日本文化の空間学構築」グループは、哲学、地理学、河川工学、建築学などの専門家など、多様な分野の研究者や地域づくりで活躍しているNPOのリーダーたちによって構成された。わたしたちは、文化人類学や宗教学などの研究者の協力を得て、日本の各地に赴き、地域の行政担当者や市民活動に取り組んでいる人びとと交流しながら、地域の課題を解決するためのアイデアをともに考えるという作業を行ってきた。この作業をわたしたちは「フィールドワークショップ」と呼んでいる。フィールドワークとワークショップを融合させて、地域の問題の本質を参加者全員で討論し、解決への方向を模索するという、新たな学問の方法である。

二〇〇四年の冬、わたしたち研究グループは、日本神話に彩られた高千穂町を訪れた。コンクリート三面張りになっていた神代川《じんだいがわ》、文字通り神代から伝説に彩られた川の再生という課題を議論するためであった。いまから三〇年ほど前、神代川のほとりには泉が湧いていた。その泉は、アマテラスオオミカミがスサノオノミコトと対決し、剱と玉を交換して、水に浸し、口から霧を吹いて三女神（タキリヒメ、イチキシマヒメ、タキツヒメ）と五男神（オシホミミノミコトを含む五神）を生んだという神話のなかの泉、天真名井《あまのまない》であるとされていた。その泉が神代川の治水事業の名目で河床を掘り下げたために涸れてしまったのである。わたしたちは、地域の人びとともに、見事な三面張りのコンクリートの川となっていた神代川をどう再生し、継承していったらいいかを考えるワークショップを行った。ワークショップのあとで、わたしたちは、高千穂の夜神楽を見た。そのなかに「空間の再生と継承」のヒントがあった。五柱の男の子を生んだスサノオは、勝ちすさびに高天原で暴れ、それを悲しんだアマテラスは岩戸に隠れてしまう。それを八百万の神々が集い、議論する。熟慮の神、オモイカネノカミが解決策を提案し、女性の魅力あふれるアメノウズメノミコトの舞とタジカラオノミコトの力業で見事アマテラスオオミカミを岩戸から取り戻すのである。この岩戸開きの神事は、日本型紛争の原型でもあり、また問題解決の原型でもあった。

「勝ちすさびに高天原で暴れた」というのは、『古事記』の記事である。ところが『日本書紀』の一説には、アマテラスとスサノオの相続争いという説明がある。アマテラスはよい田んぼ（狭田《さなだ》、長田、垣田）を相続し、スサノオは、悪い田んぼ（株田、川寄田）を与えられる。前者は、洪水・渇水のリスクから免れている田、後者は、リスクにつねに脅かされている田である。そこで、スサノオは、姉を妬んで乱暴狼藉に至ったのだ、という説明である。

高千穂町の風景は、まさにこの解釈がぴったりするような構造をしていた。ゆるやかな棚田に阿蘇の火砕流地帯がたっぷり含んだ地下水をつねに供給し、大雨は深い高千穂渓谷に流れ込む。洪水・渇水から逃れている田んぼである。

スサノオは、高天原から追放され、出雲に至る。そこでヤマタノオロチを退治し、クシナダヒメと結ばれて、出雲建国の祖となる。

アマテラスは、自分の首飾りの玉から生まれたオシホミミノミコトに地上を支配するように命じるが、オシホミミは、自分の子、ニニギノミコトに地上に降りるようにいう。天孫降臨である。ニニギノミコトとコノハナサクヤヒメを母として生まれたのが、ヒコホホデミノミコト（山幸彦）である。ヒコホホデミノミコトは、兄のホデリノミコト（ウミサチヒコ）の釣り針を海で失い、兄から責められる。困惑したヤマサチはやがて海神の宮殿に至り、トヨタマヒメと結ばれる。地上に戻るときに、海神から贈られたのが潮の満ち干をコントロールする珠、潮満珠《しおみつたま》と潮干珠《しおひるたま》である。これを使ってヤマサチはウミサチとの紛争に勝ち、兄を臣下に従える。ヤマサチは、海岸部の治水の知恵を手に入れるとともに、海岸地域の支配権をも手にしたのである。

龍宮の姫君、トヨタマヒメはヤマサチの子どもを生むが、巨大な鰐であった姿を夫に見られ、龍宮に帰ってしまう。妹のタマヨリヒメが姥となって育てた子がウガヤフキアエズノミコトである。ウガヤフキアエズがタマヨリヒメと結婚して生まれたのがカムヤマトイワレヒコ、神武天皇であった。

アマテラスから神武天皇に至る神話は、山の民族が海の民族と手を結び、山の治水から海岸部の治水の力を手に入れる過程として描かれている。やがて神武天皇は、日向から東征を開始するが、これもまた海人の助けを借りて行った事業である。

日本神話は水をめぐる紛争と解決の物語であり、そこに登場する神々は、この国土に生きた人びとの願いを叶える力、神徳をもった存在であった。実際、神々は、そのパワーにふさわしい空間に鎮座している。

わたしたちは、日本の国土に蓄積されたさまざまな伝承や習慣のなかに潜む知恵を掘り起こし、疲弊した国土の継承と再生のための考え方について研究を進めてきた。この研究のプロセスで、神々の系譜が日本の国土空間にさまざまな形で蓄積されている。このことに気づいたわたしたちは、日本の各地を訪れ、地域の人びとやNPO、行政担当者と地域を歩き、新たな発見を繰り返しながら、意見を交換し、国づくり、地域づくりの知恵を求めてきた。

わたしたちが佐賀平野にたどり着いたのは、この平野が水をめぐる紛争と解決の物語という日本文化そのものを体現する地域であると気づいたからである。佐賀平野こそ、山から海へと至る空間のなかに、日本神話が蓄積した水の物語を秘めているのである。水の物語というのは、水をめぐる紛争と対立、そしてその解決の物語である。

三　城原川の風景を読む

城原川流域委員会での議論で、わたしがもっとも不思議に思ったのは、城原川ダムの恩恵をもっとも受けるはずの神埼町(現神埼市)の人びと、とくにそこに住んでいる人びとがダムに対して、きわめて慎重な立場に立っていたことである。委員のなかでダムが必要だと主張していたのは、そこに住んでいる人びとではなく、学識経験者やそこに住んでいない人びとであった。なぜ、神埼の人びとはダムを不要と考えているのか、わたしにとってはそのことが大きな謎であった。

城原川の空間を読み解く作業は、じつは、この謎を解く作業でもあった。城原川をはじめとする佐賀平野の治水は、江戸時代初期の成富兵庫茂安の治績で有名である。成富兵庫は、城原川が背振山地から佐賀平野に出るあたりの川筋を西に変え、湾曲させて野越《のごし》といわれる越流堤をつくり、その下流に玉石を積んで三千石堰を建設した。ここから佐賀平野を潤すための横落水路を分水したのである。

城原川は、日本の治水文化として世界に誇る思想と技術の蓄積をもつ河川であるが、城原川流域委員会では、その治水思想と治水文化の本質に対する議論はまったく行われなかった。たとえば、鶴西地区に、玉石を積んでつくった農業用取水堰である石堰があり、その少し上流に野越といわれる越流堤とそこからあふれた水を受け止める受け堤、さらにその力を減衰させるための水害防備林の風景を見ることができる。利水と治水の施設が濃密な空間のなかに一体となって配置されている。いったいこの風景をどのように読み解けばよいのだろうか。

さらに、野越の傍らには、石堰改修の記念碑の脇に小さな祠がある。地元の人の話では、これは龍宮の祠であるという。

なぜ龍宮の祠がこんなところにあるのか。もちろん龍は水の神であり、だからこそ利水と治水の要衝であるこの地点に龍宮の祠がある、という説明は成り立つであろう。しかし、ただそれだけだろうか。

城原川源流の背振山山頂には、大辨財天社が鎮座している。鍋島藩主にも深く信仰された神社である。辨天は、スサノオの剣を折ってアマテラスが生み出したイチキシマヒメノミコトという水の神の神仏習合の姿とされる。いまは駐車場になっている頂上直下には、龍神の池があり、龍宮につながっていたという伝説があった。鶴西の祠は、それと関係があるのだろうか。さらに下流、千代田町には、「八大龍王」

写真２　神埼市鶴西の風景（手前に石堰、野越と水害防備林、はるか向こうに背振山）

写真３　鶴西地区の龍宮の祠

写真４　脊振山頂の大辨財天

と刻した石碑が建っている。龍宮と八大龍王とはどのような関係にあるのか。八大龍王といえば、城原川が脊振山地から南下し、佐賀平野に流れ出る直前で流れをやや東に変えると、正面に大きな石がある。そこにも「八大龍王」と刻してある。流れは石の下にぶつかって、直角に右折し、佐賀平野に流れ出ていく。その先には、景行天皇がその皇子、ヤマトタケルノミコトを祀ったという白角折《おしとり》神社があり、脇を通り過ぎた城原川は、九州横断自動車道の下を通り抜けて西に曲がる。ここは成富兵庫が流路を変えたところであり、流れは大きく湾曲して三千石堰に至る。三千石堰の少し上流には、菅生橋という橋がある。菅生は、スサノオゆかりの名前である。

いまは「八大龍王」と刻した大岩から分水される馬場川は、もともとは、白角折神社のところで分水されていたようである。その分水を守るのは、スサノオである。馬場川は、やがて神埼町で櫛田《くしなだ》宮の脇を流れる。櫛田宮は、スサノオノミコトとクシナダヒメを祀っている。スサノオノミコトの社は治水・利水と深い関係のある枢要な地点に鎮座していることが多い。またクシナダヒメは稲作の女神である。櫛田宮は、ヤマトタケルの父親である景行天皇が九州征伐の際に創建したといわれており、「神埼」の名とも関係している。神埼荘は、ながく天皇家の荘園であった。

古代の神埼の人びとにとっては、城原川よりも馬場川のほうが農業用水や舟運のための水路として重要なインフラであった。景行天皇は、そのようなインフラを守る神としてスサノオノミコトとクシナダヒメを祀ったのである。これが櫛田宮の伝承である。

さて、城原川が佐賀平野に流れ出す地点からやや東によった岡の辺に、鰐《わに》神社といわれる小さな社がある。この社に祀られているのは、日本に漢字を伝えた王仁《わに》博士であるといわれているが、「鰐」という字が気になる。本殿裏に並んだ石づくりの祠には、「豊玉姫命」とあり、ここが龍宮の姫君、豊玉姫の社であることが分かる。

すでに述べたように、アマテラスの孫（天孫）であるニニギノミコトは、ウミサチとヤマサチを生んだが、二人の間に紛争が生じる。ヤマサチは、失った釣り針を龍宮で取り戻すとともに、豊玉姫と結ばれ、親である海神から二つの珠、潮満珠と潮干珠を手に入れる。この二つの珠で、ウミサチを臣下に従えることになるのである。辨財天、脊振直下の龍神の池、鰐神社、鶴西の龍宮の祠は、海神の龍宮との関連を示唆している。

わたしたちは、城原川には、きっと海の神も深く関わっているに違いないという確信を深め、下流部の調査を行った。海岸に近いところには、海童神社があり、また、城原川が筑後川に流れ込んだ対岸には、風浪宮《ふうろうぐう》が位置していた。風浪宮は、少童神《わたつみのかみ》を祀る神社であり、阿曇磯良《あずみのいそら》を初代宮司としていた。

風浪宮には、沖詣りといわれる神事がある。毎年旧暦の大潮の日に、風浪宮から船団を仕立てて、有明海の中央へ出向き、潮が引いた海底に立って、祭壇を築く。宮司が祝詞をあげて、海の豊饒と海上交通の安全を祈願し、そのあと、参加者が潮干狩りをして海の恵みに感謝するのである。

四　海と山をつなぐ

「日本文化の空間学」グループは、二〇〇五年旧暦四月一日(新暦四月三〇日)に、沖詣り神事に参加し、身をもって龍宮体験をもつことができた。有明海は六メートルもの干満の差をもつ。潮がみるみる引いて船底が海底につく。潮干狩りに夢中になっていると、あっという間に潮が満ちてきて取り残されそうになる。碇を降ろして満ちてくる海に向かう船の旗を風がはためかせる。その様子は、太陽と月と海と山のダイナミックな関係によって有明海と佐賀平野がつくられたのだということを実感させてくれる。

有明海沿岸の川には、ガタといわれる土がたまる。それを見ていると、きっと有明海の海底には、泥がいっぱいたまっているだろうと思うのが自然であろう。しかし、実際は、有明海の海底は、生き物の世界であった。アサリやアカガイ、ゴカイなど豊かな海の生き物たちの満ちる海底は、土ではなく、砂であったが、よく見ると、それも細かく砕けた貝殻であり、生物の死骸であった。そこは、想像を絶するほどの豊かな生命の世界であったのだ。

沖詣り神事で有明海の海底から、この豊饒の海を取り囲む山々を見たわたしたちは、その翌日、風浪宮の参集殿で、一〇〇名もの地域の人びとを集めて、シンポジウムとワークショップを行った。前日のフィールドワークと一体として企画したこのフィールドワークショップで明らかになったのは、日本の文化的伝統に息づく地域認識が、山と海をつなぐという思想にもとづいているということであった。風浪宮の祭礼で売られる「風浪柿」という干し柿は、山の幸である。海の社が山の幸を集める。山と海との交流である。

さらにワークショップの成果は、有明海の自然環境を見る視点を発見したことである。その視点は、有明海の海底から周囲の陸地を見るということである。そのワークショップで風浪宮の阿曇宮司は、「海底にしつらえる祭壇は、ワタツミノカミの社でしょう」と語った。ワタツミの宮とは龍宮のことである。有明海の海底は龍宮の名にふさわしい空間であったのだ。

わたしたちは、この龍宮からの視点そのものを龍宮からの贈り物であると考えている。そしてそれは、日本の地域空間に蓄積された人びとの思いの履歴、空間に息づいている日本文化の贈り物なのである。

わたしたちが龍宮に立ったとき、すっかり水のなくなった有明海の向こうに、背振山の山頂がくっきりと見えていた。背振山の龍宮の入り口といわれる池と鶴西の龍宮の祠と有明海の龍宮とは城原川でつながっているという確信をわたしたちはもつことができた。

龍宮伝説は、ヤマサチヒコとトヨタマヒメが結ばれる話である。つまり、山と海が結ばれる話である。ヤマサチヒコがトヨタマヒメと結ばれるために龍宮に赴かなければならなかったように、わたしたちは、

写真５　有明海の海底から望む背振山

写真６　海底で周囲の山について語り合う阿曇宮司と佐藤悦子さん

写真７　龍の脊椎が突き出たような背振山の花崗岩

山と海の間にある佐賀平野の意味を理解するために、龍宮に赴かなければならなかったのである。

龍宮につながっているはずの池のあった脊振山は、花崗岩の山である。龍が背を振って振り落としたのが脊振山の辨財天だという伝説があり、たしかに上空から見ると龍がうねっているような姿をしている。その背骨の位置にあるのが脊振山頂である。ちょうどその背骨が突き出しているような巨岩が山から突き出している。背振山の巨岩は、ダムによって水没することになる渓谷にごろごろと転がっている。背振山から流れ下ってくる水は、これらの岩によって水勢を落としながら、佐賀平野に出る直前で東に折れ、巨岩にぶつかり右折して流れ下るのである。

五　八大龍王の空間構造

巨岩には、すでに述べたように「八大龍王」と刻んだ文字がある。龍王の力によって水の力を押さえつけようとし

写真 8　仁比山神社下で城原川は 90 度右折する

写真 9　仁比山神社から城原川方面の展望
（直下で城原川は岸壁にぶつかり右折して流れくだる）

たに違いない。あるいは、治水を願った人びとが水勢を押さえつける石の力に龍王のパワーを見たからであろうか。いずれにせよ、この文字が刻まれたのは、水のエネルギーを減衰させるような構造を城原川の空間構造に見た人びとがいたからである。

水の力を抑える空間構造を創出することによって治水を考えたのは、武田信玄である。信玄は、釜無川に注ぐ御勅使《みだい》川が対岸の堤防をつきやぶって甲府の町に押し寄せるのを防ぐために、流れを上流に付け替え、高岩といわれる巨岩に直角にぶつけることによって水勢を抑え、その下流に霞堤を設けて、意図的に堤内に水をあふれさせて決壊を防いだのである。

八大龍王の岩を見下ろす高台には、仁比山神社が鎮座している。その祭神は、大山咋神《おおやまくいのかみ》、ヤマトタケルノミコト、カモタマヨリヒメとされている。オオヤマクイノカミは比叡山東麓の日吉神社の祭神である。この地は、奈良時代の高僧、行基菩薩が聖武天皇の勅命を受けて建立した護国寺の跡であるという。行基は、住民参加型の公共事業の創始者であり、日本各地にため池や橋などのインフラ整備を行ったことで知られている。嘉瀬川が佐賀平野に流れ出る地点にも、行基が創建した実相院があり、その庭に立つと、嘉瀬川がどのように佐賀平野に流れ出ていくかを見ることができる。この空間構造から判断するならば、行基は、明らかに、城原川と嘉瀬川を含む佐賀平野の治水に関心をもっていたことが分かる。「八大龍王」の信仰は、実は行基菩薩と関連しているといわれている。

行基の見た城原川と嘉瀬川の空間構造は、奇しくも武田信玄が信玄堤で実現した治水の空間構造と同じなのである。山から激しい勢いで流れ下る水をいったん岸壁にぶつけてそのエネルギーを減衰させ、

写真10　城原川溪谷

写真11　城原川溪谷の出口。中央の巨岩には「八大龍王」の銘がある

その下流で緩やかにあふれさせて洪水の被害を防ぐ。ここには、越流させて水の力を和らげるが、決壊は防ぐという思想がある。

神埼で地域の人びとを集めて行ったワークショップで何度も聞いた話であるが、ここに暮らす人びとは、城原川の水があふれることに対しては恐れをいだいていなかった。あふれた水は、きまった流路を通って流れていき、再び城原川には戻らない。城原川周辺は、見た目には平坦だが、あふれた水の流れを決定するくらいの高低差は存在するのである。たとえば、櫛田宮は、馬場川と隣接しているが、これまで境内が水につかったことはないと聞いた。重要なのは、微高地といわれる土地の起伏である。

おわりに

わたしが神埼の人びとと議論していて知ったのは、越流を恐れない人びとは、治水というものを越流させないことではなく、堤防の決壊を防ぐことだと考えているということであった。というよりも、むしろ越流させて決壊を防ぐというのが城原川の治水思想であった。越流させた水は、周囲の水路やクリークを通って分散してゆき、有明海に注ぐから、再び城原川に返す必要がない。信玄鼓の霞堤との決定的な違いはここにある。

すなわち、これは、解放型の遊水思想とでもいうべき構造をしているのである。その遊水池としての機能をもっていたのが水路やクリーク（堀）であった。佐賀平野に水路やクリークが発達したのは、洪水時の遊水機能をもたせると同時に、あふれた水をできるだけゆっくりと流し、洪水のあとにくるかもしれない渇水にそなえたからである。つまり、城原川の空間は、治水と利水を一体として考える水管理思想によって構造化されていたのである。だが、近代の利水と治水は、それぞれ、農水省と国土交通省の管轄であり、水路やクリークの治水上の価値については、河川管理と一体のものとして議論されなかった。むしろ、治水は河道内の管理ですませようというのが近代の治水思想であった。クリークや堀は、治水上の価値ではなく、むしろ圃場の拡大という点から、統廃合されていったのである。実際、城原川流域委員会で、水田や水路、クリークを治水上の役割という点で中心的な議論とすることはなかったのである。環濠集落に見られるような景観は、その地域資源としての価値が見いだされる前に、どんどん消滅していった。

神埼の人びと、とくに高齢の人びとは、越流は恐れないが、決壊は警戒する、という日常的な意識をもっていた。これは、実質的に、成富兵庫の思想を地域の意識として伝承しているということである。ところが、近代的治水は、この意識から断絶した制度の上で成立してきた。

以上がいままで調査して得た城原川の空間がもつ水管理の文化的履歴である。そこには、この地域がもつ地理的・地質的構造、地政的履歴、治水・利水の水管理思想とそれを実現した文化、そしてそれを引き継ぐ人びとの意識が隠れていた。ここで、ひとまず、これを整理してみよう。

（1）スサノオ、クシナダヒメに託された治水と利水の理想（古代の人びとのニーズ）が示される櫛田宮、白角折神社、高志神社。分水の役割を果たしている白角折神社。馬場川の治水と利水（交通インフラ）

との関係をもつ櫛田宮、高志神社。

(2) スサノオ、クシナダヒメを祀った景行天皇とその使命を果たしたヤマトタケル。

(3) 水（とくに湧水、源流、池など）の神、イチキシマヒメ（辨天）。脊振山山頂の大辨財天。

(4) 海岸部の水管理に関わるワタツミノカミ、トヨタマヒメ、タマヨリヒメ。海童神社、風浪宮、鰐神社、仁比山神社。

(5) 神埼荘の支配を確立したヤマトタケル、景行天皇。櫛田宮。

(6) 聖武天皇の勅命で行基菩薩が建立した護国寺、これと一体となった仁比山神社。これは、嘉瀬川の與止日女《よどひめ》神社・実相院と同様の関係にある。

(7) 行基菩薩の信仰に深い関わりのある「八大龍王」信仰。

(8) 中世治水思想を近世治水思想へと展開した成富兵庫茂保の治水思想とその事跡。

佐賀平野城原川流域の空間構造は、このような古代から連綿と続く水管理の歴史をもっているのである。

こうした空間構造がとくに集約されているのが、背振山から佐賀平野へ流れ出る地域、仁比山神社から白角折神社および三千石堰地域である。というのも、これは当然のことであるが、水が大きな川の流れとして山から下ってくるとき、その治水上、利水上の拠点となるのが、扇状地だからである。この地域は、山辺《やまのべ》、岡辺《おかのべ》等と呼ばれる地形に位置する。ところがこうした地域は、高速道路など近代巨大構造物でその景観が遮蔽されていることが多い。日本の歴史のなかで、もっとも重要な空間地域の価値を考慮することなく進めてきた空間の近代化は、地域資源としての景観の価値を忘却する歴史でもあった。城原川の空間をその風景から読み解こうとするならば、九州横断自動車道によって遮られている風景をさまざまな角度から読み解き、その遮蔽物を想像力によって取り除かなければならない。

高速道路建設は、地域空間の構造に十分に配慮した結果として行われているとはとても言い難い。巨大土木事業に携わった理工系出身の技術者がこうした地域文化として蓄積された空間構造の理解を求められることは、過去の日本の大学教育のなかでも、あるいは社会資本整備行政のなかでもなかったことである。そうしたことに配慮しないというのも、むしろ当然のことであった。いま、空間の再生と継承ということが課題であるとするならば、こうした空間を見る目をトレーニングし直さなければならないであろう。わたしたちの「日本文化の空間学構築」グループは、さまざまな分野の研究者や地域づくりのプロが結集して地域空間の意味を読み解き、また地域の人びとと共有して討議しようということを目的としていたのである。

第九章　佐賀の水と景観

島谷　幸弘

佐賀のバレーセクション

ここで述べる佐賀は、日本のなかでもきわめて顕著に水との関係によって都市や地域が成立している。現在でも江戸時代に基本構造が完成された水のシステムにのっとって地域が成立している。佐賀のバレーセクションを書いてみた（**図1**）。バレーセクションとは、イギリスの都市計画学者パトリック・ゲディスが示した河川に沿って都市と職業の関係を見た図である。佐賀市は海岸砂州上の微高地に立地し、その周辺の低地は水田として利用された。海は重要な漁労の場であり、また他の地域あるいは近隣諸国への交通路でもある。山は木の産地であるとともに、果物や茸など山の幸の山地でもあった。木は舟運のための材料として重要であり、海と山はつながっていた。このような地理的な自然のシステムに対応して生活が営まれてきた。

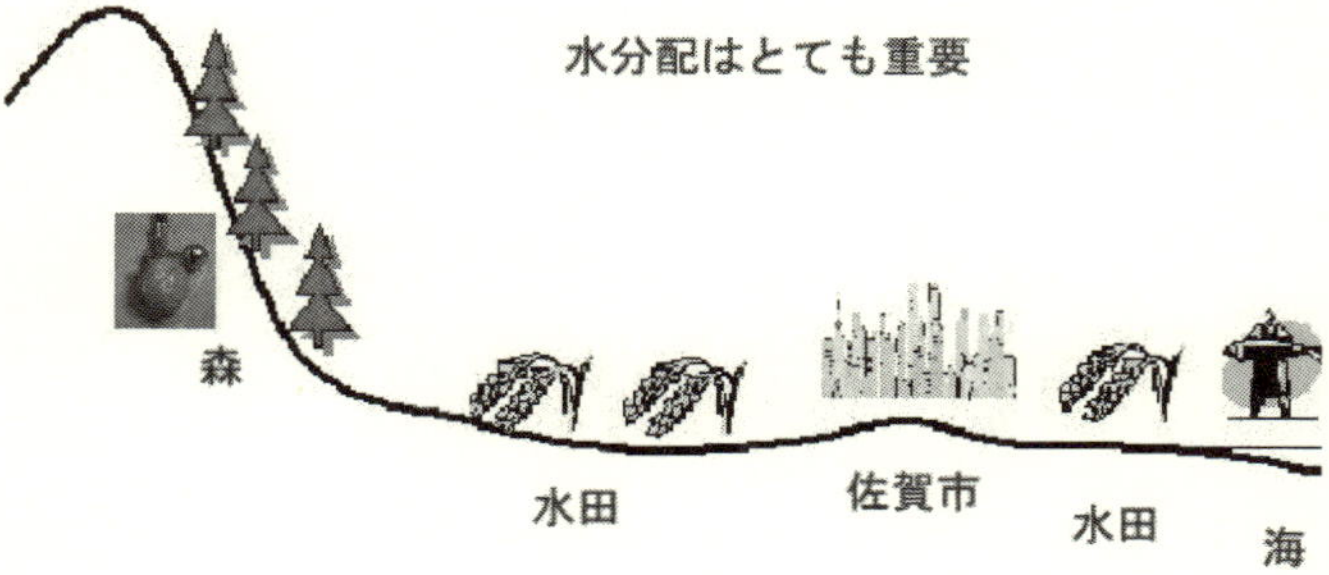

図1　佐賀のバレーセクション

わが国は稲作漁撈を中心に国土を発展させてきたため、国土開発と水との関係は密接であった。稲作が本格的に導入された弥生期以降、二五〇〇年以上、水との関係を考えながら国土は開発されてきた。バレーセクションで示されるような、地形の成り立ち、風土、水のシステムに沿った人の営みと暮らしが根底にある。自然の地形や生態的な特徴に沿って地域や都市を捉えることはきわめて重要である。

次に佐賀平野と筑後平野の一部の立体地形図（国土交通省製作）に加筆した**図2**を示す。九州一の大河筑後川は九州山地を水源とし夜明地点より平野に出て、ほぼ西に流れる。久留米市付近で流路を南西に変え有明海に注ぐのが分かる。この流路を変える地点が佐賀にとっては治水上の要所となる。昭和二八（一九五三）年の水害時には筑後川の氾濫水は直進し佐賀市まで及んだのである。また久留米市より下流は干潮域になっている。干満差六メートルにも及ぶ有明海の潮流は満潮時凄い流速で筑後川をかけのぼる。筑

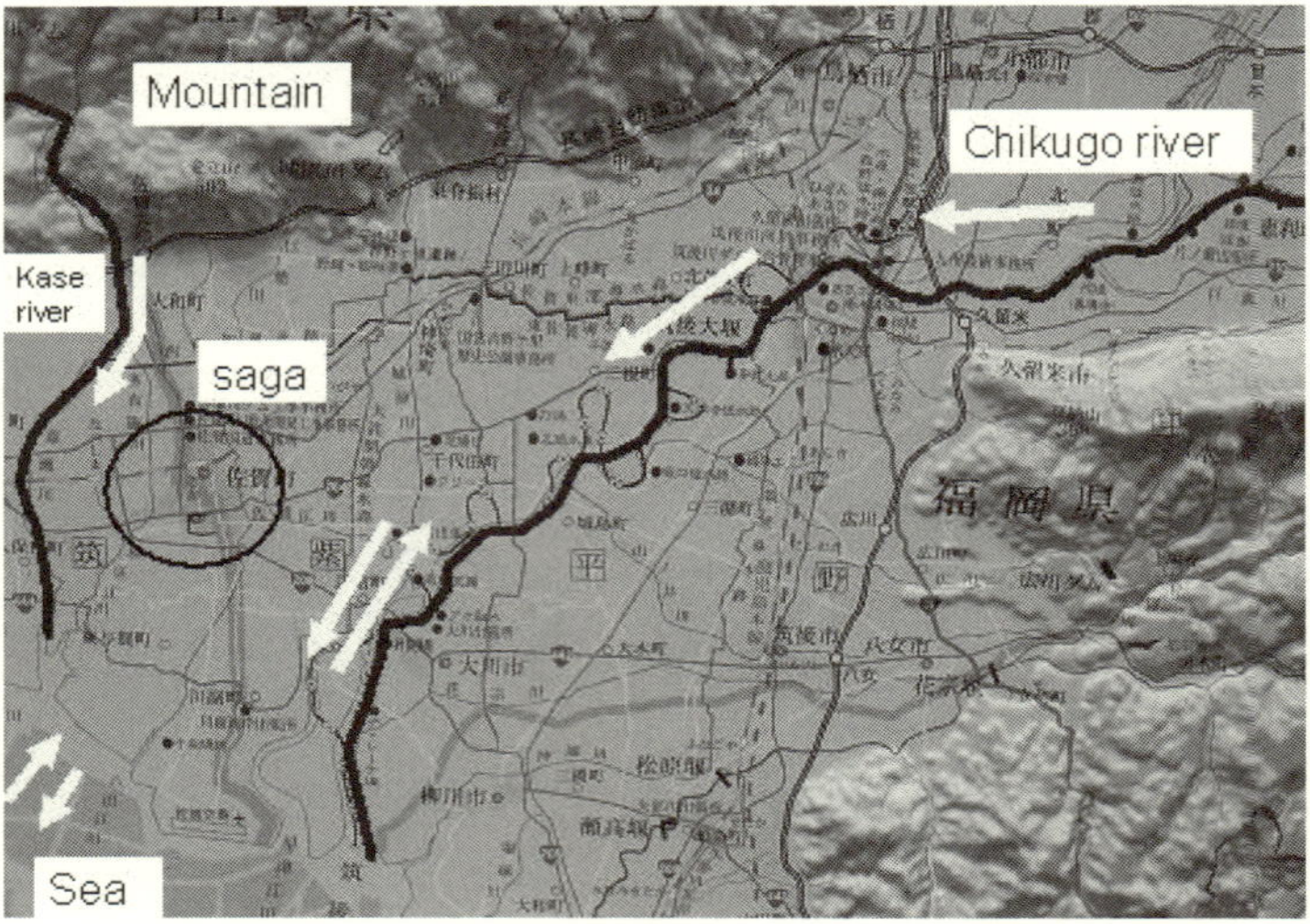

図２　佐賀平野と筑後平野立体図

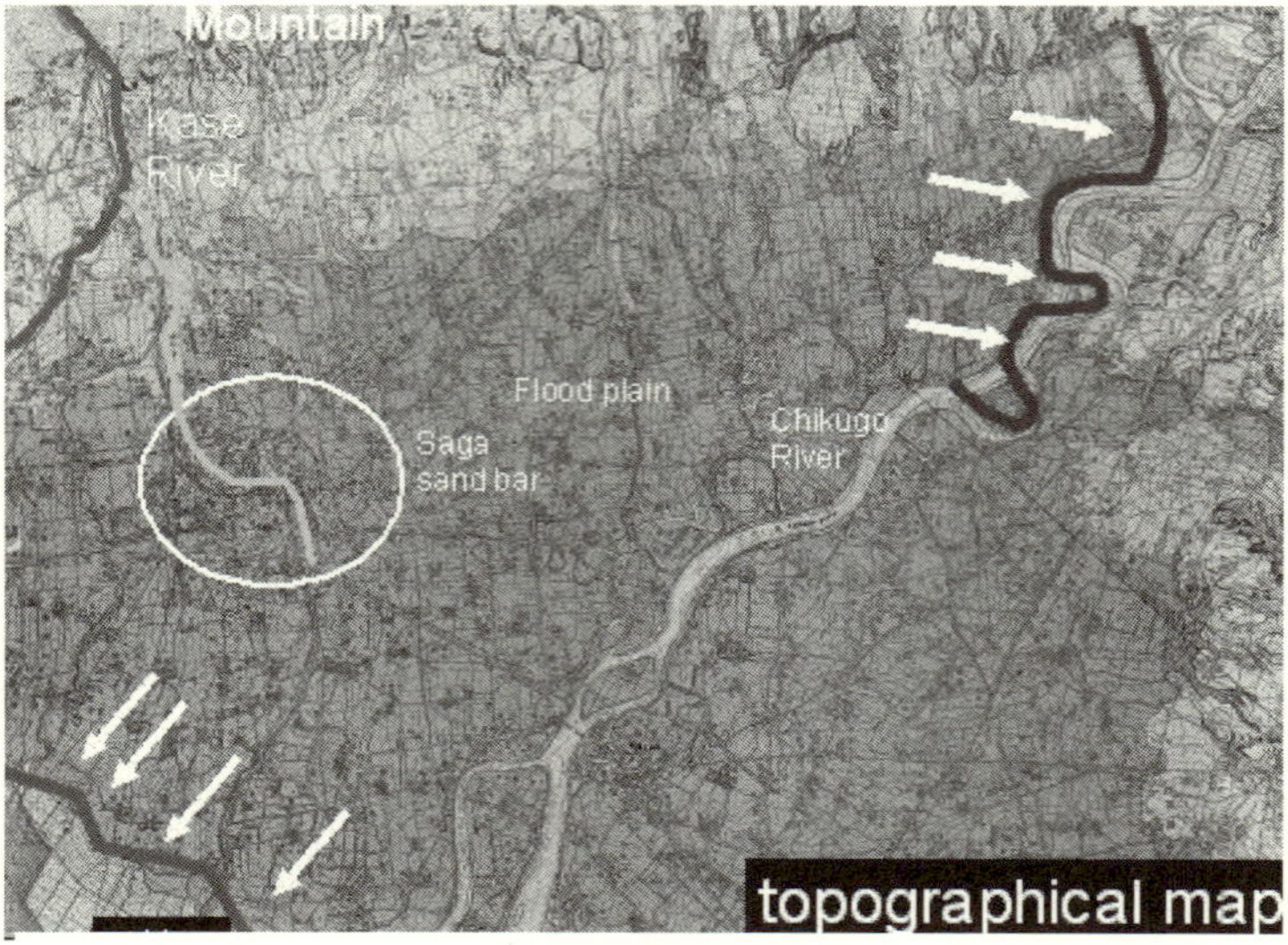

図３　佐賀地形図

後川の平常時の流量が毎秒四〇立方メートル程度であるが、干満で移動する流量は毎秒二〇〇〇立方メートルにも及ぶ。

嘉瀬川の流路にも注目する必要がある。背振山地から平野に出た嘉瀬川はしばらく南流するが、佐賀市を避けるように西に流路を変えている。この流路を変える地点が石井樋《いしいび》である。江戸時代初期の鍋島藩の家老成富兵庫茂安公の治水事業によってなされた事業である。

図3は地形図で、佐賀の立地をよく示している。佐賀は筑後平野下流部のデルタ地形に位置する最大の微高地であることが分かる。筑後川が下流で流路が分かれる地点の左岸側に位置する微高地が家具づくりで有名な大川である。

沖参り海神祭

さて、少し話を変えて、有明海の干満の差についてもう一度見てみたい。大川市に風浪宮《ふうろうぐう》という大きな古い神社がある。祭神は少童神（ワタツミノカミ、海神）であり有明海の海洋民族の根拠地といわれている。旧暦の四月一日、沖詣り海神祭が行われる。筑後川の支川花宗川を朝一〇時に宮司や氏子を乗せた小船は、筑後川に向け出航し、大川漁港で船を乗り換え二〇隻あまりの船を引きつれ、有明海に向かう。さまざまな神事を行いながら沖で碇を下ろし、潮が引くのを待つ。陸が現れ着挺する。海底にヒモロギ（神籬）を立て祭壇を設置し、神事が始まる。神事をしている周りでは一般の観光客が潮干狩りをしている。海底にはアサリがゴロゴロとしており豊穣の海底である。神事が終わると潮が満ちるまで、祭礼に参加していた人も潮干狩りをする。潮が満ちてくると船に戻る。あっという間に潮が満ち、陸の世界は海の世界へと変わる。有明海の干満の大きさを実感できる経験である。

この沖参り海神祭から以下のことが分かる。

まずは有明海の干満の差がきわめて大きいということである。六メートルにも及ぶ干満の差は、風景をも一変させるほどの大きな潮位差である。人間の想像力をはるかに超えた干満の差である。満潮時には川を遡って濁流が遡上する。この干満の差を克服した水使いの技術がこの地域には必要である。筑後川沿いでは、大潮時に満潮によって押し戻された真水を取水するアオ取水という取水方法が長らく行われていた。塩水の上に乗った真水が満潮時、取水が可能な高さまで押し上げられる。その押し上げられた水を取水するのがアオ取水である。また高潮対策も重要である。干満の差が六メートルあるということは、大潮時には標高三メートルの高さまで海面が上がるということである。ちょっとした高潮時には、高水位が四メートル程度まで上がるのである。したがって、佐賀市の標高三・五メートルというのは、高潮時にも被害を受けにくい高さであることが分かる。しかし、台風時には標高七メートルを超える潮位となることがある。それを防ぐためには、海岸堤防とそれぞれの河川に水門が必要である。

次に、有明海はきわめて豊かであるということである。有明海の環境の危機が叫ばれているが、それでも初めての人にとって信じられないぐらい豊かな海である。アサリや赤貝を掘り始めるとあっという間に袋にいっぱいになる。環境が悪化する前には信じられないぐらいの海産物の宝庫だったであろう。佐賀にとって有明海の存在は生業の場、食糧生産の場としてとても重要だったのである。

漁業のためには木が必要であったことも忘れてはならない重要なことである。海の民は船をつくるために樹木が必要であり、上流域の木材産地との交流は不可欠であった。

佐賀のクリーク

ここで少しクリークの話をしておきたい。クリークとは、佐賀平野あるいは筑後平野の下流部に広がる網の目状につながった、貯水池のことである。かつては「ほい（堀）」と呼ばれていたが、中国の長江下流部の水路網がイギリス人によってクリークと呼ばれていたのをまねてクリークと呼ぶようになったといわれている。室町時代の環濠集落に起源を発するともいわれているが、江戸時代にかなり整備されたらしい。ともかく、クリークは農業用の水源としての平地ダムを基本機能として、フナ、コイなどのたんぱく質の供給源として、堆積した泥は肥料の供給源として重要であった。やはり多面的機能をもっていたのである。佐賀市内の隣接した地域で調べてみると、用水源が嘉瀬川掛と巨勢川掛の地域を比較すると流量が乏しい巨勢川掛のほうがクリークの面積、密度が大きくなっていることからも、クリークが用水源としての平地ダムの機能をもっていることが理解される。

クリークは佐賀を特徴づける風景である。農村地帯に複雑な形状で水を湛え、さまざまな水生生物と樹木群、農家が織りなす風景は美しい。貯水池としての機能は依然もっているが、用水路が整備され、淡泊源としての淡水魚類に対する蛋白源の需要が減少し、肥料が安価に手に入る現代ではクリークを維持する意味が薄れている。維持管理にコストがかかるためクリークは減少している。佐賀の特徴的な風景が失われていくのは残念である。

成富兵庫茂安公の水利事業

江戸時代初期に鍋島藩で水利事業（治水、利水を統合した水処理の事業をここでは水利事業と呼ぶ）の整備に尽力した成富兵庫の水利事業は、佐賀の水の特性をきわめて的確に捉え、藩内の隅々まで水利システムを構築した。現在の水利システムも基本的に成富兵庫が構築したシステムを基礎としている。兵庫の利水事業を振り返ることは佐賀の水の基本システムを理解することに通じる。

成富兵庫は一五六〇年、現在の佐賀市鍋島町増田に生まれる。成富兵庫の人生は一言でいうと波乱万丈の人生である。戦国時代に生まれ、戦国織豊時代を武士として過ごし、人生の後半は徳川の時代となり民政家として活躍している。この激動の変化の時代に成富兵庫は見事に適応し、実力を発揮している。人生の前半は戦いの連続であり、武将として稀有な才能を見せた。一方、徳川の世になるのを境に、戦乱で疲弊した鍋島藩の水利を整備し藩土の開発に全身を打ち込み見事に富国に寄与した。戦時下の成富兵庫は、多くの武将の首を取るなど大変荒々しいように見えるが、多くの著名な武将に愛されているように才能とともに人柄も優れていた。民政家としての兵庫は佐賀藩の水土の保全にあたって地域に入り込み、農民とひざを合わせ藩土保全を行った。多くの人に尊敬され、祭りや地名に現在でも名前が残っている。激動の時代に、おごらず真摯に藩のため、人民のために尽くした。

佐賀平野は東に暴れ川である筑後川を、南は日本最大の潮位差をもつ有明海に面し、北部は土砂生産量が比較的多い風化花崗岩からなる背振山地を抱える。鎌倉時代以降、有明海の大規模な干拓が行われ、耕地が拡大したきわめて低平な平野である。このような特性をもつ佐賀平野の安定的な水利システムを構築するためには、筑後川からの洪水を防ぎ、有明海の高潮を防ぎ、有明海の潮位変動や上流からの土砂供給の多さを考慮し、水源をもたない干拓地への利水に配慮した水利システムの構築が必要であった。

成富兵庫は、筑後川からの洪水に対しては筑後川右岸側に千栗堤《ちりくてい》と呼ばれる大規模な連続堤防を築いた。川側には竹が川裏側には杉が植えられたので杉土居（土居は堤防のこと）と呼ばれていた。みやき町千栗から坂口まで延長一二キロの大堤防である。この堤防の築造によって佐賀平野は筑後川の氾濫から、明治期になってこの堤防の一部が道路のために開削されるまで、数百年にわたって守られることになったのである。また、有明海の高潮防御のために松土居と呼ばれる松が植えられた堤防を延長九キロにも及び整備した。

佐賀市に対しては、嘉瀬川の処理が重要であった。嘉瀬川は佐賀平野を流れる最大の河川であり、用水源として重要である一方、洪水の処理も重要な課題である。成富兵庫は嘉瀬川を石井樋地点で西に曲げ、用水を旧河道である多布施川に引き入れ佐賀城下まで水を運んだ。嘉瀬川と多布施川の分岐地点が石井樋である。数ある兵庫の水利事業のなかでも秀逸な施設の一つである。

石井樋

石井樋とは、本来、石の樋門（石でつくられた樋門）という意味で成富兵庫茂安はいくつもの石井樋を

写真１　中の島

築造している。このうち、成富兵庫の業績として代表的な嘉瀬川の石井樋を、現在はもっぱら石井樋と呼び、大井手堰、象の鼻、天狗の鼻等を含めた周辺一体のシステムも「石井樋」と称している（以降、前者の構造物を石井樋、後者の全体を「石井樋」と表記する）。

治水の面から見ると、嘉瀬川は「石井樋」地点で大きく流路を西に変えるが、多布施川は嘉瀬川上流部に対しほぼ直線上に流下する。洪水時に「石井樋」が破られると、洪水は多布施川沿いを流下し、佐賀城内を直撃する。そのため「石井樋」は治水上強固な構えになっている。遊水地、水害防備林、中の島、本土居などを配置し、二重三重に佐賀市方面への氾濫を防止している。構造物の石井樋は、取水しなければならないので、治水上は弱点になりかねない。本土居と呼ばれる本堤に設けられているが、この構造物はこの施設のなかでももっとも強固で入念なつくりの構造物となっており、洪水時には多布施川に流入する洪水を防ぐ役割を担っている。この地区全体が「石井樋」と呼ばれることからも分かるように、石井樋はこの地区の最重要構造物であったと考えることができる。

利水の面から見ると、「石井樋」は嘉瀬川の清流を多布施川へ導水するための施設である。とくに集水域が花崗岩地帯である嘉瀬川は流水に砂を多く含むため、取水地点への砂の堆積および多布施川への砂の流入を防ぐことが重要であり、象の鼻をはじめとした工夫がなされていることが大きな特徴である。

多布施川に砂をなるべく流入させないための工夫は入念である。嘉瀬川を流下してきた砂は兵庫荒籠、遷宮荒籠ではねられ、大井手堰は川の水をせき止め、象の鼻、亀の石、天狗の鼻へと逆流させる。流水の激しい勢いを一度弱めて、水から砂を離し、その水を多布施川に注ぐための仕組みである。象の鼻、天狗の鼻は逆流時の延長を長くし導水路の流速を低減させるための狙いがあったものと思われる。象の鼻の付け根は一段低くなった野越《のごし》（越流堤）になっており、嘉瀬川本流の水量が増えたときには、ここを乗り越えて水は多布施川へと流れていく。出水時には砂の濃度が高まるが、上澄みを流すことにより少しでも多布施川に流入する砂の量を減らすための工夫である。亀の石の機能は現在のところ明らかになっていない。石井樋（樋門）は、嘉瀬川の水を象の鼻、天狗の鼻を経て多布施川へ導水するための暗渠である。

以上のように、「石井樋」は扇状地上の水衝部に設けられた治水・利水の複合的なシステムといえる。このような水害防備林、水制、堤防、取水施設などが複合したシステムは山梨の信玄堤や万力林にも見られるが、象の鼻、天狗の鼻などの不思議な形態の構造物は、石井樋特有のものである。

佐賀市周辺水路網

多布施川は、佐賀城下に上水を供給することと佐賀城下周辺の農地に水を供給することを目的にした水供給システムの中心となる用水路である。佐賀城下は、低平である佐賀平野の標高約三・五メートルの微高地に位置する城下町であり、微高地上に配水するためにはなんらかの工夫が必要であった。成富兵庫は天井川である多布施川を用いて水を供給した。

多布施川が天井川であることは周辺の農地への水供給にとっては好都合である。周辺より高い位置にあるため、井樋と呼ばれる多布施川からの二次用水路を使って次々と配水している。また、天井川であるため、悪水は一切流入せず、佐賀城下に清澄な水を供給することができ

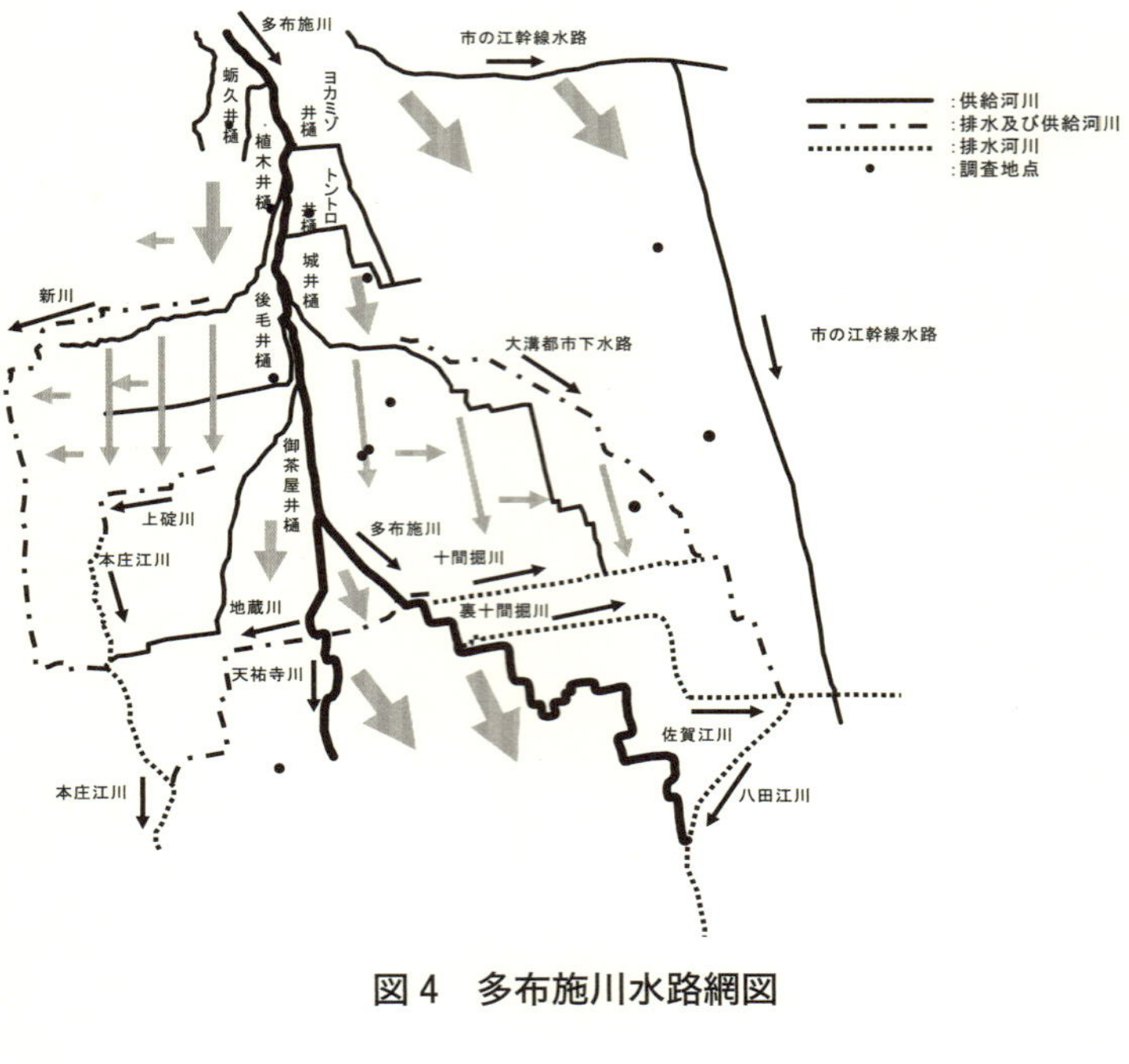

図４　多布施川水路網図

る。このように多布施川が天井川であることは佐賀の水供給システムを考えるときに根本的に重要である。多布施川が天井川であった理由を考えてみると、嘉瀬川の流路が、以前は現在よりも東を流れており、嘉瀬川の旧流路であった可能性が高い。この旧河道を利用し、一部は人工的に構築したものと考えられる。

嘉瀬川から石井樋を介して分流した多布施川は、佐賀平野を縦断し、両岸に点在する井樋から平野全体に広がる水路網へと水を供給する。井樋とは、河川から水を取り入れるための施設である。そこには、河川の水をせき止めるための堰と取水量を調節するための樋門(水門)がある。これらの井樋や堰は、昔から各周辺地域の農家によって操作され、各々の部落や水田における利水管理が行われてき

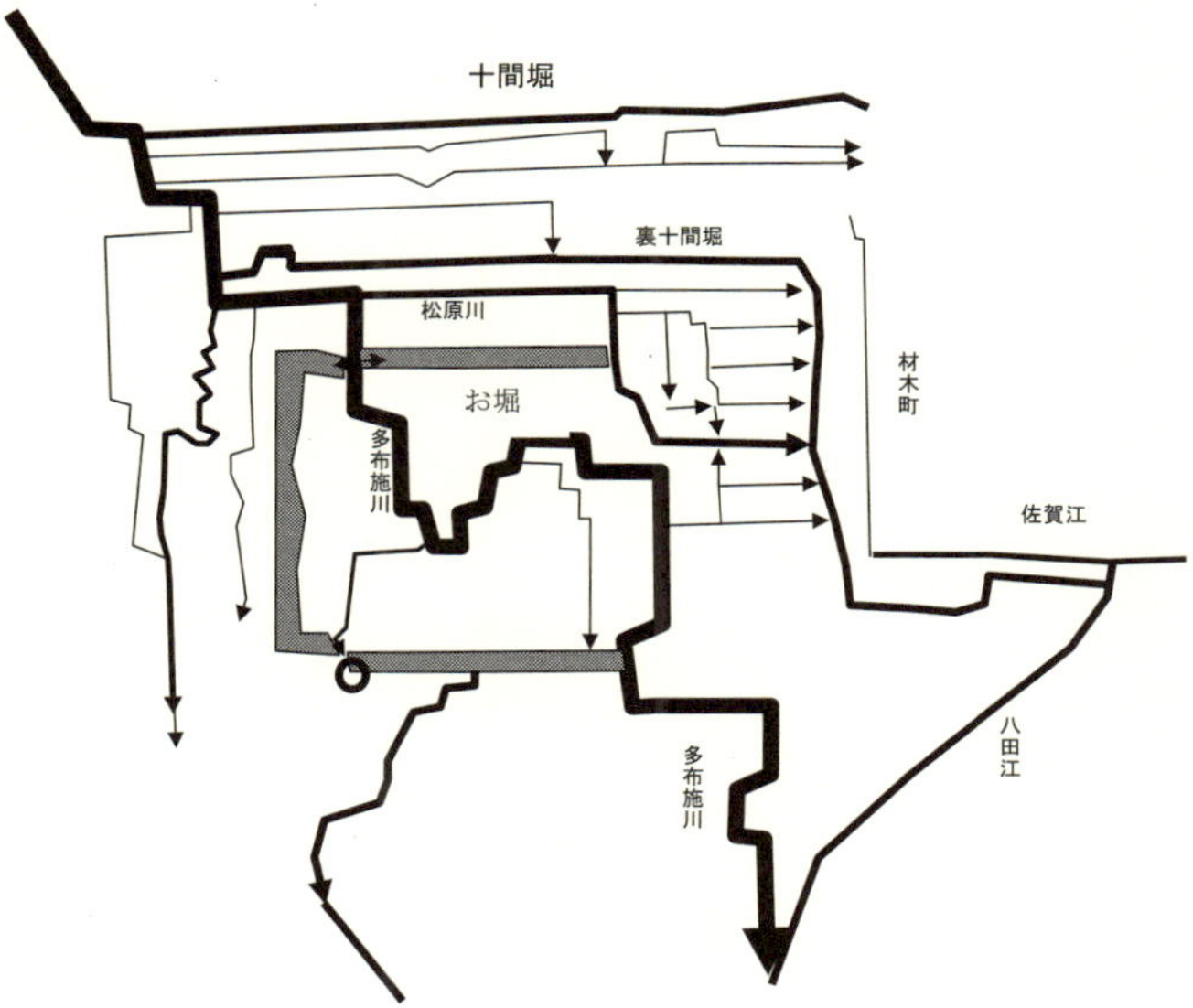

図5　佐賀城下水路網図

た。現在もなお、水の流れはそれらの井樋や堰によって制御されている。ただし、樋門の開閉は降雨時に限られていることには、注目すべきである。晴天時には、まったく無操作に佐賀城下及び周辺農地に水が配水されている。驚くべき精巧な仕組みである。

武家屋敷と水路

佐賀市内中心部（佐賀城下）には縦横に水路が流れている。この水路網には多布施川から水が供給される。城下に入っても基本的な配水システムは同じで、多布施川を背骨に両側に配水される。佐賀城下の武家の敷地と水路の関係では、いずれの屋敷も敷地の六割から七割の農地を有しており、その農地は水路に面している。すなわちすべての屋敷は水路に面していたのである。この水路は多布施川からの清澄な水が供給されており飲料水として使われたものと推察される。江戸期においては使用した水は直接水路に流されることはなく、いったん貯められ、農地に利用された。佐賀では、この水を貯める場所のことを、ゆどの、うらぼりと呼んでいた。

まとめ

以上のように佐賀は水をベースとした自然地形によって都市や農・漁村の配置が決まっている。パトリック・ゲデスが示したバレーセクションの都市の見方は生態的な都市の見方といってもよいと思うが、わが国の都市形成のベースはまさにこの生態的都市にある。わが国は水田稲作と漁労を中心に発展してきたため、自然の地形や水のシステムに立脚した、資源節約型、資源循環型の都市や地域の立地がベースにある。安価な化石燃料が得られる時代は人類の歴史のなかでは一瞬である。私たち現代人はその一瞬に遭遇した世代であるが、石油エネルギーが高騰する今後を考えると、持続的な国土の発展を考えるならば、土地の生産力や水の基本的なシステムに立脚した国土形成は基本的に重要である。

第一〇章　嘉瀬川石井樋の再生
——空間構造を読み解く

吉村　伸一

はじめに

嘉瀬川《かせがわ》の石井樋《いしいび》は、佐賀藩士成富兵庫茂安（一五六〇―一六三四）が約四〇〇年前に築いた水利施設である。成富兵庫は、佐賀平野の水利システムを構築した人物で、佐賀県では「治水の神様」と呼ばれている。成富兵庫が築いた施設のなかでもっとも著名な施設が石井樋である。従来は元和年間（一六一五―二三）の築造といわれてきたが、発掘調査によると慶長年間（一五九六―一六一五）と思われる石積技法が見られることから、慶長年間着工の可能性が指摘されている。わが国に現存する取水施設では最古級のものである。

土木学会編『明治以前日本土木史』では、「成富茂安は（略）其功績の千古に伝ふべきもの少なからず。（略）石井樋・象の鼻・天狗の鼻等の偉観は今尚水勢調節の妙用を現し、用意の精到にして規模の雄大なる、天下稀観の土巧施設として驚異に値するものなり」（仮名づかいは新かなに、漢字・字体は新字体に改めた）と記述されている。

石井樋は石の井樋（樋門）のことであり、構造物としては三連の石造樋門（地元では三丁井樋と呼んでいる）を指すが、天狗の鼻、象の鼻、出鼻、大井手堰、野越、兵庫荒籠、遷宮荒籠などさまざまな施設が配置されており、これらの施設全体を総称して石井樋と呼んでいる（**図1**）。

石井樋は、約三五〇年間佐賀市内に嘉瀬川の水を送り続けてきたが、一九六〇年に川上頭首工ができ取水施設としての役割

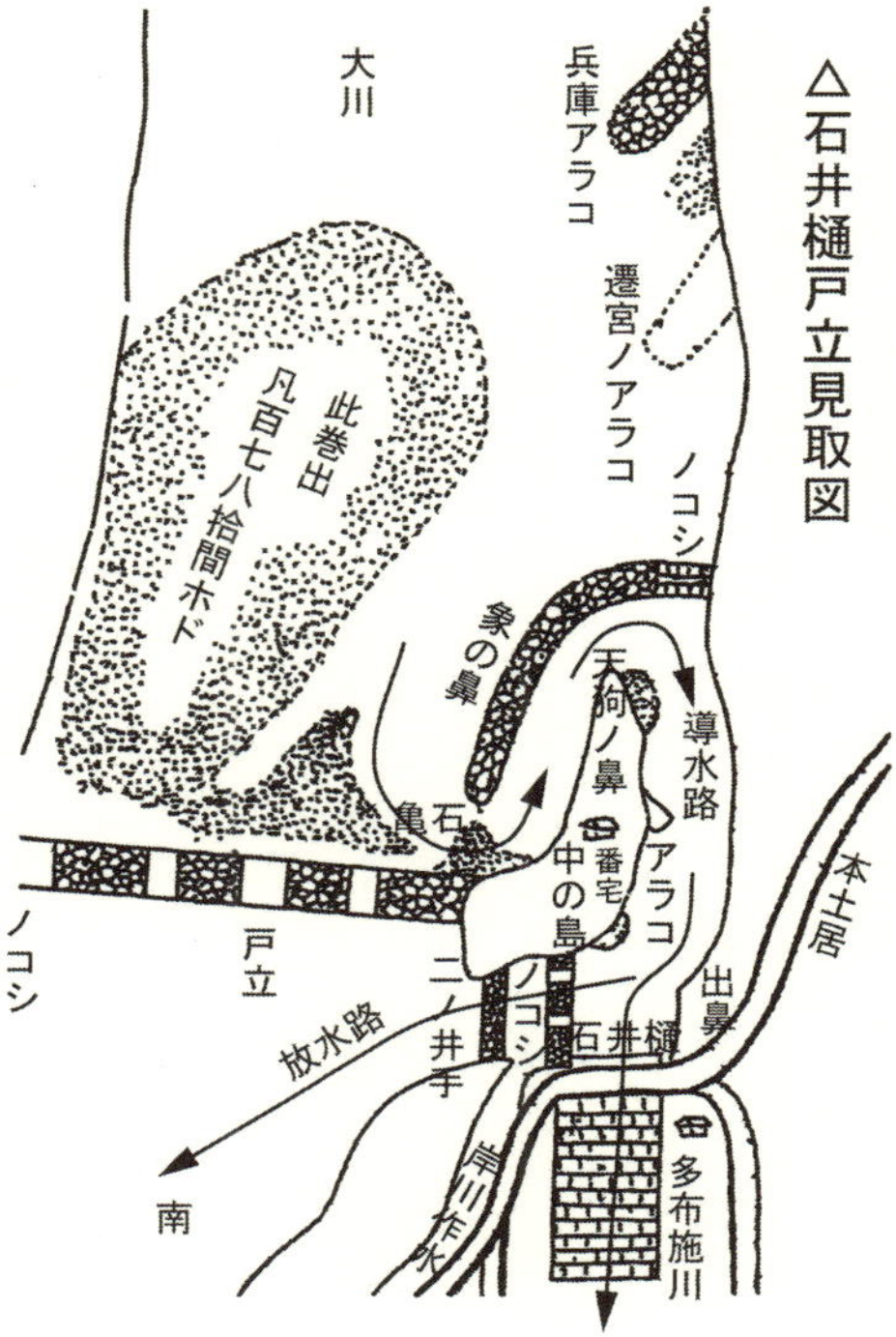

図1　石井樋に配置された施設と水の流れ
（南部（1834）の絵図に加筆）

を終えた。放置された大井手堰は洪水で流失し、象の鼻や天狗の鼻など主要施設は土砂に埋もれ、その存在さえも分からなくなるほど荒れ果ててしまった。しかし、一九九三年皇太子ご成婚記念事業の採択を受け、再び水の流れを取り戻すことになった。翌九四年には「石井樋地区歴史的水辺整備事業基本計画」を策定、土砂に埋まった土木遺構の発掘調査が開始された。発掘調査と平行して設計検討や一部工事が実施されていたが、筆者は事業最終段階の二〇〇二―〇四年に計画の見直しと実施設計に関わった。二〇〇五年一二月工事が完了し、五〇年ぶりに水の流れが復活した。

一　嘉瀬川の治水と石井樋

嘉瀬川は、福岡県と佐賀県の県境に位置する背振《せふり》山地（標高一〇五五メートル）を源とし、佐賀市内を流れて有明海に注ぐ。流路の全長が約五七キロ、その流域面積は三六八平方キロメートルの一級河川である。石井樋の上流は川上川、下流は嘉瀬川と呼ばれている。上流山地は花崗岩で、洪水時には風化した花崗岩のマサ（砂）が流出する。

石井樋は河口から約一四キロ遡った地点に築造されている。ここは、嘉瀬川が山間地から平野に出て三キロほど下った扇状地の扇端部に当たる。取水地点としては好位置である。石井樋で取水された嘉瀬川の水は多布施川に導かれ、網の目のように張り巡らされた水路網を通して佐賀城下に配水される。

一方、嘉瀬川はそのまま直進すると佐賀城下を直撃する形になるが、石井樋の地点から祇園川の合流点までの四キロ区間は西南に向きを変えている。佐賀城下に向かおうとする洪水を遠ざけることを意図した河道線形であり、石井樋は治水上要の位置に構築されている(**図2**)。

嘉瀬川は特異な河道形状をしている。普通、川は下流に行くほど川幅が広がるが、祇園川

図2　嘉瀬川水系図
(宮地米蔵監修、江口辰五郎著(1977)、133 頁、挿図 8 に加筆)

との合流点より上流は下流よりも川幅が広い。河道の要所にふくらみをもたせ、遊水機能を発揮させるシステムになっているのである。とりわけ石井樋周辺は広大な遊水地空間となっており、治水上強固な備えがなされている（**図3**）。川幅が広いと土砂が堆積し洪水を流す能力が低下するので、低水路（普段水が流れる流路）を設けて流速を上げ、砂を押し流す力を大きくする工夫をしている。低水路沿いには竹林を主体とした水害防備林を設け、水勢をそぎ、流出物や土砂をふるい落とすといった安全対策を施している。

図３　石井樋周辺広い河川敷
（昭和23年米軍撮影航空写真に加筆）

小出博は、『嘉瀬川と成富兵庫』のなかで、「成富兵庫の治水事業を貫いてみられる根本の論理は、洪水をして走らせず、如何にして歩かせるかにあるように思われる」と述べている（小出 一九六〇）。

二　石井樋に配置された主要施設

石井樋は、複数の施設配置によって成立している水システムである。図1をもとに石井樋に配置された主要な施設について概説すると以下のとおりである。

まず、石井樋が配置された地点の川幅は広く、内土居、本土居の二重堤防となっており、内土居と本土居の間が遊水地空間になっている（図1はデフォルメされているので狭いが、実際は広大な敷地になっている）。山間部から平野部に出た嘉瀬川は、洪水のたびに澪筋《みおすじ》を変え扇状地を形成する。そういう場所であるから、嘉瀬川の河道を安定させることと水勢をコントロールすることが重要になる。石井樋の周辺が広大な遊水地空間になっており、二重堤防や水害防備林が配置されているのは、治水上きわめて重要な地点にあるからである。

石井樋に配置された主要な施設は、大井手堰、天狗の鼻、象の鼻、石井樋（樋門、石閘ともいわれていた）である。象の鼻の上流側には、遷宮荒籠、兵庫荒籠が配置されていた。荒籠（アラコ）というのは水制工のことで、遷宮・兵庫二つの荒籠は崩れてしまいもう存在しないと見られていたが、発掘調査でしっかりした石積が確認された。

普段の水の流れに沿って施設配置を概観すると、大井手堰でせき上げられた水は、天狗の鼻と象の鼻の間を逆流するような形で流れ、石井樋（樋門）をくぐって多布施川に導かれる仕組みになっている。

大井手堰には「戸立」（切欠部）が配置されている。堰全体を強固な構造物にするのではなく、切り欠き部を設け普段は板戸や土嚢でおさえておき、洪水時には取り払うという工夫である。

三　石井樋の空間構造と水システムの考察

これまで石井樋の仕組みについては、個々の施設の機能と役割を解説したものが多い。しかし、数々の施設群のなかで何が骨格となっているかが明らかではない。嘉瀬川からの導水と洪水防御という石井樋の仕組みをトータルに説明するためには、要となる施設を明らかにする必要がある。筆者の推論によると、それは中の島である。中の島は、石井樋システムの骨格であると同時に、この地区の歴史的空間構造の骨格をなす。

再び図1を眺めてみよう。川のなかに中の島が配置されていることに気づくだろう。普通の取水施設であれば、河道に堰を設け用水路に導けばよい。堰、取水口、用水路の施設構成で取水システムは成り立つ。石井樋には、中の島が配置されている。なぜ、中の島があるのか。たまたま島があってそれを活用しただけなのか、それともシステムとして重要な意味をもつのか。

じつは、中の島に着目して石井樋のシステムを考察した研究は聞かない。われわれが目にするものは、昔の絵図も含めて中の島が最初から存在している。中の島ありきで、目につく施設や水の流れを解説・評価しているために、中の島の存在の意味を考えようとしないのである。石井樋に関するもっとも古い文献は、一八三四(天保五)年に佐賀藩の南部長恒が書いた『疏導要書』であるが、ここにも、中の島に関する記述はない。

中の島を基軸に配置された流路と施設群によってシステムが成立する。そういう見方が重要であると筆者は考える。

多布施川への分水は、原理的には中の島の先端に水を当てるだけで可能である。分水の基本型は中の島の先端に水を当てるという発想にあると考えられる（**図4基本型**）。大井手堰や天狗の鼻、象の鼻、兵庫荒籠、遷宮荒籠といった施設群の配置は、中の島を基軸に考案されたと見ることができる（**図4発展型**）。

中の島を基軸にした流路構成を見ると、島の周りに嘉瀬川本川、導水路、放水路という三つの流水軸が形成されている。このなかで重要なのは、放水路である。天狗の鼻を回り込んだ洪水流は、嘉瀬川に戻すシステムになっているのである。この放水路がなかったらどうであろうか。洪水になると大量の土砂が流れ込んでくる。導水路や多布施川に土砂が堆積して、やがて水が流れなくなる。そうならないように、洪水は嘉瀬川本川に戻してしまう。用水はほしい、洪水は来てほしくないという矛盾した要求を、中の島の配置によって成立させているの

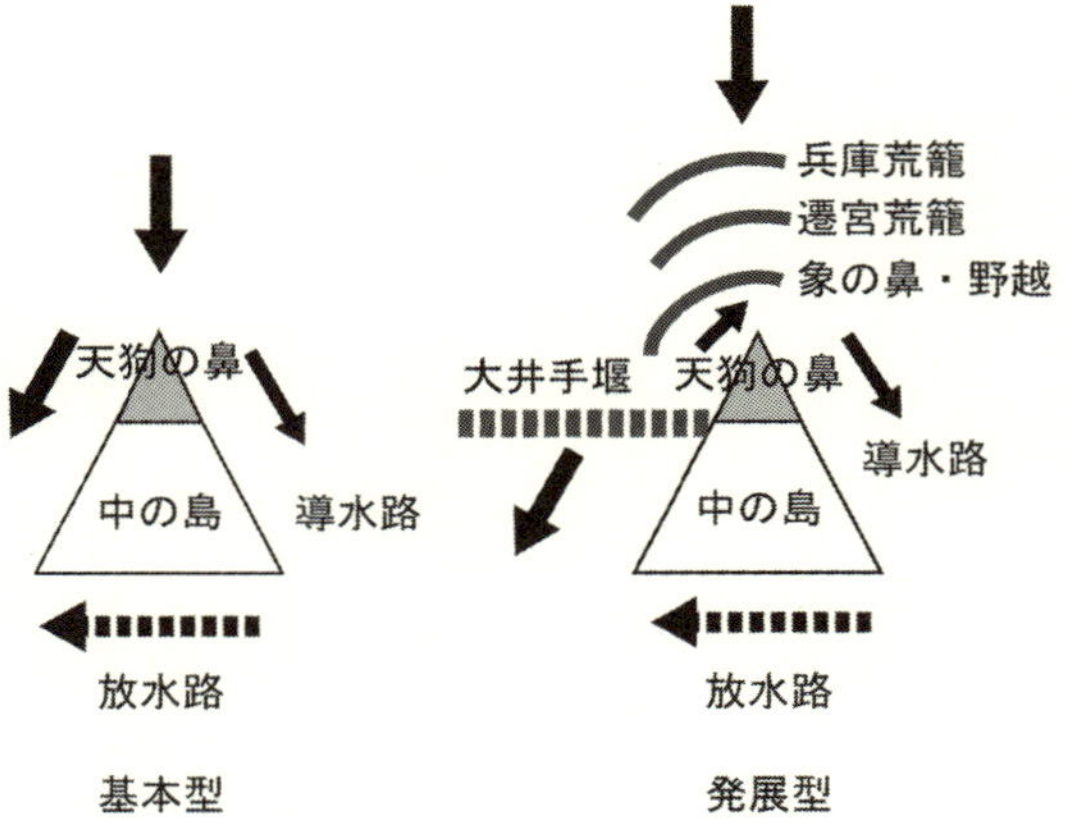

図4　石井樋の基本型と発展型（筆者作成）

である。この島がなければ、洪水戻しという流水軸を構成することはできない。

中の島の形状は三角形をなしているが、この形にも重要な意味がある。中の島の嘉瀬川本川側は、西南方向に直線的な形状をなしている。これは、河道を西南方向に固定し、洪水流を制御する役割を中の島が果たしているということである。中の島は、石井樋（樋門）が設置された本川堤防の前面にあって、佐賀城下に向かおうとする洪水流を西側に固定する前線的な役割を果たしていると見ることができる。中の島の形状が「三角形」をなしているのは、用排水システムとしての形状であり、中の島の位置と形状そのものに意味がある。

象の鼻は野越とセットになっており、洪水時に象の鼻先端部を回り込む洪水（土砂）を止める機能を持っている。嘉瀬川は洪水時に大量の土砂を運んでくる。この土砂が、多布施川に流れ込み堆積すると導水することが困難になる。したがって、土砂対策は重要な命題であった。象の鼻が土砂分離を目的として発案されたとすれば、石井樋のシステムのなかでもっともユニークな施設といえる。

以上の考察から、天狗の鼻、象の鼻、兵庫荒籠、遷宮荒籠、大井手堰などの施設群の配置は、中の島を基軸に考案されたと見ることができる。中の島が石井樋システムの骨格である。

石井樋の施設配置は、中国四川省の「都江堰」（紀元前二五六－二五一）によく似ている。都江堰の金剛堤と呼ばれる島が石井樋の中の島、金剛堤先端の魚嘴が天狗の鼻、宝瓶江（狭窄部）が石井樋（樋門）、飛砂堰が放水路の野越に当たる。河道（外江）の湾曲も石井樋とよく似ている。都江堰にないものは象の鼻である。

四　石井樋の空間設計

石井樋は、中の島を骨格とするシステムであり、中の島を軸に配置された施設群によってこの地区の空間構造が特徴づけられている。石井樋のシステムと空間構造を読み解き、デザインの基本とすべき事項を把握することが重要である。

筆者が最初にこの現場を訪れたときには、全体施設の基本設計が終了し一部の工事が始まっていた時期である。石井樋（樋門）の下流は広がりをもった空間で、かつては船着き場として利用されていた場所であるが、一定の幅に狭める設計になっていた。石井樋（樋門）上流の導水路も一律幅で掘削し河畔林はすべてなくなる、そういう問題を含んでいた。また、大井手堰は当初ラバーダム（ゴム製の袋に空気を入れふくらませる堰）で、もとの位置より下流に設置することになっていた。ようするに、水は流れるようにはなるが、空間の構造が大きく変わる可能性があった。

改めて計画全体を見直すことになり、筆者は象の鼻、導水路、放水路、小寺川井樋といった主要施設の保全復元と、中の島とエントランス空間を含むランドスケープデザインを担当することになった。これにはパートナーとして農村都市計画研究所の橋本忠美氏に協力していただいた。大井手堰の復元設計は、日本工営の逢澤正行氏、記念館（さが水ものがたり館）は地域開発研究所の兼子和彦氏などが担当した。総合調整は、当時国土交通省武雄河川事務所の所長であった島谷幸宏氏（現九州大学大学院教授、本書第五、

第九章執筆）である。なお、検討に当たっては「石井樋地区施設計画検討委員会」で審議していただいた。

主要施設の設計概要は以下のとおりである。大井手堰は、かつての戸立構造を集約した石積の堰に変更され、もとの位置に設置することとされた。戸立は転倒式ゲートで、堰本体はゲート部をのぞいて空石積構造となった。嘉瀬川本川を横断する約一〇〇メートルの大きな構造物であるから、この構造変更は石井樋の再生事業にとって生命線ともいえる重要な決断であった。

天狗の鼻は、導水路の掘り下げに伴う補強として根固工（矢板と空石積）が施されたが、上部本体は当時の技法を使った空石積で補修復元された。象の鼻は、本体の周囲に新しく石積（練積）護岸を設置し上部を空石積で覆い、既存の構造物を埋設保全することになった。象の鼻の付け根に設置されていた野越は、水理模型実験でその機能を確認し、元の高さを維持し空石積で補修復元した。

導水路は埋まっていたが、河畔林をすべて保全することを基本として、等高線から読み取れる流路の平面線形や中の島の地形構造、発掘調査等を手がかりとして河道設計を行った。放水路も同様である。

写真１　整備後の天狗の鼻と象の鼻（撮影：筆者）

写真2　昭和30年代の大井手堰（佐賀土地改良区提供）
＊昭和28年の災害復旧でコンクリート化された。
石井樋は遠足など大勢の人が訪れる場所だった。

写真3　新設された大井手堰（撮影：筆者）
＊往時の構造に近い形で復元。かつての戸立は転倒式ゲートに改良された。

石井樋（樋門）下流の船着き場は、かつての空間構造を維持し二本の古木（ムクノキ）を保全するための地形処理を行った。新しく造成された石井樋のエントランス空間は、旧堤防やかつての民家の配置、石井樋下流の水辺の形状などを考慮して、記念館等新しい施設の配置や広場の設計、導線ルートの設定などを行った。

中の島の嘉瀬川本線側には高水敷が整備されていたが、中の島の地形を基本にした河岸に再整備することとした。ただし、実際の工事ではこの再整備は見送られている。

以下、主要な施設の設計について述べる。

導水路　導水路は埋まっていたが、地形図を見ると川幅に変化があることが読み取れる。象の鼻先端から石井樋（樋門）に至る区間には、二カ所狭い空間がある。天狗の鼻付け根のやや下流に設けられた「荒籠」と、石井樋（樋門）直上流の「出鼻」がそれである。つまり、導水路の川幅の変化は、荒籠と出鼻という二つの構造物配置によって生み出されており、そこには何らかの意図があると考えられる。

川幅の広狭は流速の変化をもたらす。筆者の解釈では、荒籠で流路を狭めて土砂を押し流し、下流に広い空間を設けてそこに土砂を堆積させるという意図があったのではないかと考えている。洪水時に砂が入ってくる。溜まる場所を特定しておけば維持管理がしやすい。出鼻の上流の川幅は広く土砂が溜まりやすいスポットになっている。ここに溜めることにより、多布施川に流れ込む砂の量も抑制できる。そういう意図があって、導水路の川幅を変化させたという解釈ができる。導水路の川幅の変化には意味があると考えられる。

意味が分かったとして、実際の設計では河岸の位置や高さを定めなければならない。結論から先にいうと、中の島の地形構造と標高一〇～一一メートルの等高線を基本にして河道設計を行った。

中の島は、先に述べたように水システムの骨格であり、同時にこの地区の景観の骨格をなしている。遠くから、あるいは近づいて見える石井樋というのは、中の島の地形であり、クスノキやエノキといった中の島の樹木群である。中の島の地形構造は、河道設計や景観設計の基本となる。

もう一つは、発掘調査結果と河畔林である。天狗の鼻や象の鼻、導水路左岸の石積など発掘調査で確認された既設構造物の高さは標高一〇～一一メートルの範囲にあり、河畔林の根元の高さもおおむねこの範囲にある。したがって、石井樋を築

写真４　整備前の天狗の鼻（撮影：筆者）
＊土砂に埋まっていた（写真は発掘調査時のもの）

造した当時の河岸処理の基本は、標高一〇〜一一メートルの範囲にあったと推定できるのである。

この等高線をよりどころとして埋まってしまった河道を掘削する。等高線に沿って川幅は必然的に変化する。掘削の範囲、素堀で掘削できるか護岸が必要かといった判断、護岸ののり勾配はどうするか、護岸等の構造物の高さといった内容は、この等高線から判断していくことになる。河道の断面が決められていて、その通りにつくる通常の河道設計とはまったく異なるアプローチである。既往設計は、川幅は一律、河岸ののり勾配も一律、その結果河畔林はすべて伐採という内容であった。

導水路沿いの河畔林はすべて保全することを基本とした。左岸に連続している河畔林を保全するため、左岸側は三分勾配（高さ一に対して水

写真 5　補修復元された天狗の鼻（撮影：筆者）
＊石積は当時の技法で修復。50 年ぶりに水の流れが復活した。

平方向〇・三）の石積とした。右岸（中の島）は一割五分（一対一・五）とし、ストーンネットで保護・覆土する構造とした。発掘調査では、左岸の一部で石積が確認されていたが、右岸（中の島）側には石積が発見されていない。

出鼻　導水路の設計検討の過程で、出鼻と呼ばれる施設に着目した。導水路は、石井樋（樋門）の直上流、すなわち中の島に渡る石井樋橋のところで川幅が狭くなっている。しかも護岸は直角に折れ曲がっている。河道形状としては明らかに不自然であり、そこに何らかの意図があると推測した。

『疏導要書』の図を見ると出鼻のところでやはり直角に曲がっており、「洪水を出鼻から直角に野越の方へ砂を流す」と記述されている。洪水の流れを右（放水路の方角）に寄せて、砂を

写真 6　復元整備された導水路（撮影：筆者）
＊等高線を基に掘削し川幅の変化を継承復元した。
導水路沿いの河畔林はすべて残した。

押し流す役割があるというのである。出鼻は、象の鼻や天狗の鼻と並ぶ「鼻」として設置されたと考えられる。天狗の鼻や象の鼻は有名でどの文献にも出てくるが、出鼻に関する記述は見あたらない。

この機能を確認するため、水理模型実験を行った。出鼻のところで洪水の流れが右岸側に寄せられ、嘉瀬川本川方向に向かうことが確認された。「川幅を狭め直角に曲がっている」出鼻の形は、洪水戻しという機能を高める意味があったということである。既往設計では、この出鼻の直角構造が考慮されず、なめらかな河道線形となっていた。実施設計では、出鼻の構造を継承保全することとした。

その後の発掘調査によると、出鼻の石積はかなり奥まで入っており、天狗の鼻のように突き出した鼻であった可能性がある。

写真７　復元整備された出鼻と石井樋（樋門）（撮影：筆者）
＊石井樋（樋門）の直上流で直角に突き出した出鼻。
洪水を放水路に押し流すための鼻。

象の鼻の野越　象の鼻は、本体の周りを新しい石積護岸で保護し、上部を空石積で覆うことになった。象の鼻の根元には野越（切り欠き、越流堤）があるが、これをどう取り扱うかが課題となった。

野越の高さは平常水位とほぼ同じで、象の鼻本体より一・五メートルほど低い。増水するとすぐに越流する仕組みになっている。『疏導要書』によると、洪水時に象の鼻本体にかかる水勢を逃がして壊れにくくすること、象の鼻先端を回り込んでくる洪水を止める、すなわち砂の流入を防ぐ機能があるとされている。

嘉瀬川の水は象の鼻先端部を回り込む形で流れてくるが、洪水になるとかなりの勢いとなる。つまり、大量の土砂を導水路に運んでくるのである。土砂が堆積すると川底が高くなり、水を

写真8　復元整備された放水路
＊河畔林を保全した。

引くことができなくなる。したがって、洪水時に象の鼻先端部から流れ込んでくる水を抑制する。そのための工夫が野越だという。

水理模型実験で水止めの機能を検証した。象の鼻付け根の野越から水が導水路に越流すると、象の鼻先端部からの水の流れが止まることが確認された。不思議に思うかもしれないが、本当にピタッと止まる。野越から先に洪水を流入させることによって、本流からの流入量を抑制し、土砂堆積を最小化するという仕組みである。野越からの越流によって砂が入ってくることになるが、開口部が小さいため、象の鼻先端部を回り込んでくる量と比較すると相対的に小さい量に抑制できるのである。こうやって解釈することは可能であるが、最初にこれを考えると いうのはすごい。成富兵庫は本当にすごいことを考えるものだと思った。

写真9　復元整備された象の鼻の野越（撮影：筆者）

＊野越から越流すると象の鼻をまわってくる水（土砂）が止まる仕掛け。

野越の復元方法を検討するために、水止め（砂止め）としてもっとも効果的な高さを水理模型実験で検証した。その結果、既存の野越の高さに設定したときに、導水路内への土砂流入がもっとも少なくなることが確認された。この結果を受けて、既存の野越の高さを変えずに補修復元することとした。野越は、石畳の構造になっているが、石が飛んでいるところなどは補修し、象の鼻の保護で広がった部分については、既存の石畳と同じように空積で石畳を新設した。

エントランス空間　石井樋のエントランス空間に立つと、中の島の風景が印象的である。エントランス空間は、新設堤防に合わせ以前より三メートル程度高い地盤に整地されている。これらの地盤と石井樋下流の水辺との地形処理や、旧堤防沿いに現存する二本の古木（ムクノキ）の

写真 10　復元整備された石井樋下流の水辺（撮影：筆者）
＊石井樋（樋門）の下流はかつて船着き場だった。旧堤防の脇に立っていた2本の古木（ムクノキ）は根元の地盤を調整して保全した。

保存方法、施工済の小寺川井樋展示場、記念館や駐車場の配置が課題となった。

筆者が関わった時点では、石井樋（樋門）の出口にあった観音堂の移設が終了し、古木の保護、小寺川井樋の整備も行われていた。古木はスリバチ状の窪地に窮屈な形で閉じこめられており、古木の根元の地盤を掘り下げた。石井樋（樋門）下流の水辺空間は、かつての船着き場の構造を継承することとした。

エントランス空間は平らに造成されているが、かつての旧堤防のラインをよりどころとして、遊歩道の位置を設定した。

おわりに

ものの形や空間の構造には意味がある。空間のもつ意味を読み解き、一番大事にすべきもの、基盤になっているものを継承し磨いていくという姿勢が重要である。

石井樋の空間は、中の島を軸に配置された施設群によって構成される空間である。個々の施設の形や配置関係によって水システムが成立し、そうした水システムの形が空間を特徴づけているのである。中の島を軸にした水システムという視点に立つことによって石井樋のランドスケープの構造が明らかになったように思われる。

数ある施設のなかで、もっとも印象深い施設は象の鼻である。象の鼻は天狗の鼻をすっぽりと覆う形で配置されており、その形も美しい。この象の鼻がないと、石井樋はなにか間の抜けたシステムに見えてくる。柔らかな地形をなした中の島の先端部に配置された天狗の鼻。その上流に一対の構造物として寄り添うように配置された象の鼻、この二つの構造物の配置関係は絶妙である。

それは、冒頭にふれた『明治以前日本土木史』の「石井樋・象の鼻・天狗の鼻等の偉観は今尚水勢調節の妙用を現し、用意の精到にして規模の雄大なる、天下稀観の土巧施設として驚異に値するものなり」ということと重なる。つまり、天狗の鼻、象の鼻の絶妙な配置というのは水システムとしての巧みさを表し、その巧みな施設配置によってすばらしい景観を形成しているということである。水システムの巧みさは石井樋の風景を表しており、石井樋のすばらしい風景はまた水システムの巧みさを表している。

参考文献

小出博（一九六〇）、「嘉瀬川と成富兵庫」佐賀県治山治水協会。

同（一九七〇）、「日本の河川―自然史と社会史」東京大学出版会。

建設省九州地方建設局・佐賀県・佐賀市・大和町（一九九四）、「石井樋地区歴史的水辺整備事業基本計画」。

佐賀市教育委員会（二〇〇六）、「石井樋、佐賀市埋蔵文化財調査報告書　第5集」。

土木学会編（一九三六）、『明治以前日本土木史』岩波書店。

南部長恒（一八三四）、『疏導要書』。

宮地米蔵監修、江口辰五郎著（一九七七）、「佐賀平野の水と土―成富兵庫の水利事業」新評社。

第一一章　有明海の龍宮から佐賀平野を見る

合田　博子

第Ⅰ部　神々のネットワーク

はじめに

脊振山《せふりざん》から城原川《じょうばるがわ》を経て筑後川に至り、上流から下流へとたどってきたわれわれ研究グループは、〈国見〉の山から南北の有明海と玄界灘を遠望して、山・川・水路の「空間の記憶」のなかに、江戸期の成富兵庫《なるとみひょうご》に代表される河川土木技術の伝統や、干満の激しい有明海ならではの筑後川流域の〈アオ〉などの取水の工夫や、クリークでの暮らしぶりを目のあたりにしてきました。

また同時に、日々の経済活動や暮らしと切り離すことのできない生活習慣として、あるいは危機管理の伝統的方策としての、八大龍王《はちだいりゅうおう》、辨天、豊比売《とよひめ》、天神などの水神・雷神を祀る神社やお堂、川端や堤防の石碑や祠に出合うこととなりました。これらのモノを媒介として見えてくる人の営為があります。

ここではわたくしの分担として、地元で伝承されてきた祭りや語りのなかに見えてきた、神々の縦横の系譜や姻戚・主従関係を中心に探っていきます。じつは、それは神々を祀ってきた人びとの集団同士の交流ネットワークを語っているからなのです。

二〇〇六年四月二八日（旧暦四月一日）に、魔法の糸に導かれるかのように、有明海に臨む福岡県大川市の「酒見の宮《さかみのみや》・風浪宮《ふうろうぐう》の沖詣り海神祭」に参加させていただいて、特定の場所で特定の時期に催される祭祀儀礼の深い意味に、改めて気づかされた思いがあります。初めて参加したよそ者のわれわれですが、年に一度、大潮で顕われた海底に降り立ったことは想像を絶する体験でした。

春旧暦の卯月ついたち、海の幸の解禁を告げる祭りに、干上がった海底で古《いにしえ》からの海神さまを神籬《ひもろぎ》でお祀りし、魚介の海の宝をいただいて陸に還ってくる経験は、まさに龍宮城から還った浦島太郎の体験そのままでした。風浪宮の伝統からいえば、海の幸と山の幸を交換する山幸彦（すなわちヒコホホデミノミコト）が豊玉姫に出会い、龍神から海・川の水を制する潮満珠《しおみつたま》と潮干珠《しおひるたま》を授かった体験、あるいはもっと直接的には、神功皇后のために阿曇磯良丸《あずみのいそらまる》が海神から海戦の勝利を約束する干珠《かんじゅ》・満珠《まんじゅ》を授かった神話を、追体験したということでしょうか。

そして、夏を迎えた七月一四日（旧暦六月一九日）にさらに新しい体験として、有明海の「沖ノ島参り」

に参加させていただくことになったわれわれです。この場は参加以前の準備段階ではありますが，有明海の海底に降り立つ「龍宮の視点」から、佐賀平野の川や台地や山や森をはるかに見通す知見を、地域の方とともに創生してゆきたいと考えています。

さて，このような体験はいつの世でもだれであれ、人生にとって肝要な人の〈感性〉をはぐくみ、また改めて蘇らせてくれるものです。しかし、この現場で感じ考えるという姿勢は何かを探求するときの基本であり、学問の分野でも理系・文系の方法論を隔てるものではありません。

たとえば、歴史や文化の探求においても、十分な先人による文献資料の探索という事前準備を経て，地元の方々に道案内をお願いするフィールドワークを重視します。これがもっとも大切なはじめの第一歩です。まず、現場としての地元ありきなのです。

その理由は以下の三点にあります。

(1)「空間の記憶」のなかに地域に刻まれた古代から現代への歴史文化・技術が現存する。

山、河川、海岸線の地形、建物、記念碑、考古学的遺跡など空間に現存するモノ、そのモノを利用・改変・創造してきた技術は現代のわれわれの現前にあります。

また『古事記』『日本書紀』『風土記』「神社の由緒記」や伝承・伝説は文献・口承資料として、人間の記録と記憶によって過去の歴史と文化を伝えてきました。ここにはフィクションも含まれるかもしれませんが，寓意のなかに真実を発見することもありえます。

（2）「祭り」による儀礼行動は、生身の人間の身体行為を通してメッセージを伝える。

「祭り」は、太古からの過去を〈現代の時間と空間〉のなかに呼び戻し、実感させ、未来につなぐパフォーマンスであります。そこから地域の先人のメッセージが現実の生きた身体を媒介として、血の通った実感を伝えてくるのです。これは地域の遺伝子伝達といってもいいでしょう。とくに子どもたちにこの体験をさせてあげてください。風浪宮の子どもたちによる太鼓の伝承は、この意味においてすばらしい地域教育であると感心しています。

（3）メッセージをパフォーマンスによって伝えるのは人間集団とそのネットワークである。

祭りなどのパフォーマンスによる実体験を伝えてきたのは、先祖から子孫への血縁と地縁の集団内での継承であり、また他地域と交流し、行き来してきた人間集団を結ぶネットワークです。地域の集団のネットワークに注目すると、従来、神社や寺院などを核とする伝統的祭祀集団（氏子や檀家、講集団など）、また地元の川の流域沿いの近隣集団がその役目を担ってきたことがわかります。

たとえば、風浪宮の二月の大祭には、海幸・山幸の交換ネットワークにあたる、八女《やめ》など山村との物々交換の伝統が〈風浪柿《ふうろうがき》〉として根づいています。

北九州という歴史的地理的状況を踏まえてみると、このネットワークは国際的なものでもあることが明らかでしょう。海幸・山幸の交換の伝説はアジア太平洋地域にも分布しています。胎内に高貴な御子を宿して船で朝鮮半島から渡海する女神の神話は、八幡信仰を超えた広がりをもっていることが知られています。

いま、地域の網の目を結ぶ近隣集団は、町内会、学校、ＰＴＡ、子ども会、老人会、もしあれば、青年団などでしょう。職場や同業組合、農協、商工会議所はもとより、近年盛んになったＮＧＯ・ＮＰＯ集団も当然重要ですし、行政も忘れてはなりません。地域社会の住民総意をまとめる知恵とリーダーの育成、地域の生活環境に即したさまざまな技術の伝達には、人間集団の存続がその前提条件です。

しかし、少子高齢化や、二〇世紀の開発・高度成長の時代を経て、二一世紀は限られた環境資源と共生する、新たな地域のビジョンが求められています。何よりも、住み慣れたふるさとの風土のなかで、若者も老人もいきいきと幸せに生きていきたい。

そんな人びとの希望を住民主体で工夫していくことが、先人のメッセージに応えることであり、そのための、神かもしれない先祖から子孫へのメッセージでもあるのでしょう。

一　「沖ノ島参り」の伝説と神話――北九州他地域とのネットワークへ

さて、そんなメッセージへの現代の応答を求めて、今回七月一四日の有明海の「沖ノ島参り」を契機として、その由来を尋ねることから始めて、環有明海からさらに北九州にまで視野を広げていってみます。そこになにが見えてくるかということです。

「沖ノ島参り」の由来は、有明海に身を投げて雨乞いをしたという「お島さん伝説」ばかりでなく、水に関係する女神様への信仰と神話が重層的に関わっているようです。

たとえば、『佐賀地名うんちく事典』（福岡博著、二〇〇五、佐賀新聞社）によれば、「この行事は〈御髪さん参り〉ともいい、沖ノ島には御髪大明神《おかみだいみょうじん》の分霊である石祠があり、沖ノ島参りの帰りには、みな石を拾って帰る」とあります。主な祭神はオオワタツミノカミ、スサノオ、月読命《つきよみのみこと》などがあがっています。

ワタツミ（少童、海童、和多津美）の神様は有明海沿岸では大川の「風浪宮」の神様で、久留米にある筑後一宮の高良玉垂宮《こうらたまたれみや》では、ワタツミノカミも月読命も祀られています。ワタツミの神については別の章で詳しく述べるので、ここでは「沖ノ島参り」の地元にとって親しい神様として、御髪大明神に注目します。

二　有明海・沖ノ島参りの「御髪大明神」

この行事は、地域の農業にとって重要な治水・利水を操作する青い潮満珠と白い潮干珠をもたらす與止日女《よどひめ》信仰が背後にあるようです。與止日女は『肥前国風土記』にも登場する肥前一宮・河上神社の祭神で、通行者を遮る荒ぶる石神の世田姫《よたひめ》、満ち潮に乗って海から川を遡る鰐の姿の豊姫《ゆたひめ》ないし鰐大明神、あるいは龍宮の豊玉姫としても語られており、地域ごとにバリエーション豊かな伝説が付随しています。この女神は嘉瀬川《かせがわ》の水の守り神であり、嘉瀬川の石井樋の付近、すなわち川の流れにとって治水上の重要地点にその宮はあり、神宮寺を擁する神仏習合の信仰を保ってきました。

御髪大明神や淀姫神社は、「沖ノ島参り」に参加する人びとの住む有明海沿岸地域に広く分布しています。與賀《よが》神社の祭神も與止日女ということです。

この古代からの川や海に臨む水の女神信仰を核としながら、江戸時代に行われた雨乞いの習俗に伴って、実際に起きたかもしれないお島さんの入水事件が身近な共感を呼び、新たな伝説として古来からの水の女神神話に重なっていったのだと思われます。このような重層現象は他地域でも他の神話・伝説でもよく起こることです。

伝説や神話はじつは不変なものではなく、その時代背景や、当該地域にとって重大な事件の影響によって変化します。古代の流行、中世の流行、近世の流行に従って伝統も少しずつ変わってきています。伝統とは古いものの代名詞ですが、じつは伝統もその時代の流行や地域の関心事を取り入れないと、伝統として存続しません。とはいえ、変わりすぎると伝統とは認められず、一般に受容されません。伝統も自己矛盾を抱えているようですが、その矛盾を克服できた伝統が、じつはいまに生き残ってきているのだと再認識いたしましょう。

しかし、なによりも與止日女神話が中央にまで伝わるようになるのは、神功皇后の軍事作戦への協力という御髪大明神の伝説に媒介されたからです。中世、とくに蒙古襲来の危機に八幡神社がその名をとどろかせたとき、與止日女も全国区になったのだと考えられます。このときの與止日女に対する中世的な表現が、御髪大明神という呼び方です。

この御髪大明神の名は、「神功皇后が海戦に備え男装する際、髪を川に浸したら龍女が現れ手伝い、自然と髪が二つに分かれ男子の髪型であるミズラの髪型を結った」との、中世『宇佐託宣集』や『八幡愚《はちまんぐ》童訓《どうくん》』に記される伝説に由来します。この文書はそれぞれ、もともとの八幡神社の総本宮・宇佐八幡宮とその中央への勧請社《かんじょうしゃ》・石清水八幡宮《いわしみずはちまんぐう》において、蒙古襲来の現実の軍事的危機を契機に編まれたもので、八幡神の軍神としてのご神徳をとくに強調したものです。まさに中世の時代的要請に応えたものだといえます。そして、この両文書のオリジナルは同時期の『河上神社文書』であろうという史料分析をしている吉田扶希子氏という歴史民俗研究者がおられます。

このとき現れた龍女が厳島大明神《いつくしまだいみょうじん》と宗像大明神《むなかただいみょうじん》であり、それに続く神功皇后の六日六晩の祈祷を手伝ったのが、神功皇后の二人の妹で、一人が河上神社の豊姫（じつは與止姫）で、もう一人が霊山・宝満《ほうまん》山《ざん》の宝満大菩薩＝玉依姫（じつは豊玉姫の妹）と記されています。

神功皇后を核とした八幡宮の新たな神話形成は見事なもので、古代に自らの周辺で、宇佐氏、辛島氏、大神《おおが》氏の神信仰を統合し、奈良時代・聖武天皇の大仏開眼会《だいぶつかいがんえ》を契機として中央デビューを果たし、平安の貞観年間には石清水八幡宮が都に拠点を設けます。そして、鎌倉幕府の武家の守護神として鶴岡八幡宮の存在があるわけです。

しかし、蒙古襲来の危機に際して宇佐と石清水の両八幡宮は、古代の神功皇后の三韓との海戦として記された『記紀』の記事をさらに発展させ、神功皇后を御座船で運んだ北九州の海民の貢献を具体的に語っています。大和朝廷創世期の地元勢力との拮抗と征服や帰順の経緯が、まず軍事政治的に語られたわけですが、やがて、井堰や水路を掘り、池を拓き水田を広げたという殖産興業的な事跡としても語り継がれていきます。

三　北九州の修験の霊山と神仏習合信仰

中世は、北九州では各地の霊山を舞台にした山岳修験道がたいそう栄え、豊前《ぶぜん》の英彦山《ひこさん》はその一大メッカであり、ほぼ事実上の開基と見られる僧・法蓮《ほうれん》の伝統を継ぐ英彦山修験は、一時期北九州のほとんどの修験の霊山とネットワークを結び、その頂点に立っていました。法蓮は宇佐八幡宮の神宮寺を建て、神仏習合の八幡信仰を形成した中心人物ですが、宝珠をめぐる八幡神との争奪戦の伝説もあり、法蓮の入手した宝珠を八幡神が取り上げたという筋になっています。ここにも珠が登場しているところが興味深いです。

佐賀と福岡の境で、南は城原川、北は那珂川《なかがわ》が発する脊振山の修験も、英彦山の影響下にあったようです。城原川流域の神埼は英彦山詣りが盛んな地域です。このあたりには先に述べた宝満山とともに、基山、油山、雷山など佐賀平野を囲む修験の霊山がいくつも連なっています。四王寺山も同様の霊山ですが、虚空蔵菩薩《こくぞうぼさつ》の山とあります。

脊振山の頂上には上宮として辨財天が祀られ、龍に乗って飛来した辨天と乙護法童子《おとごほうどうじ》の伝説が有名です。辨天は宗像三女神のうちの市杵島姫《いちきしまひめ》との関係がうかがわれますが、護法童子は、平安期の中興の祖・性空上人《しょうくうしょうにん》の従者としての修験的な存在と見られます。役行者《えんのぎょうじゃ》の前鬼・後鬼のような存在です。このように、この地域の霊山は神仏習合の信仰形態をとっているので、宝満山で玉依姫《たまよりひめ》が、油山で豊玉姫が、雷山でニニギノミコトが祀られもするのです。

四　與止日女と龍宮の豊玉姫

さて、ここで、四王寺山に注目します。ここには虚空蔵菩薩信仰があるといいます。虚空蔵菩薩は、虚空のなかに無限の知恵を宿す知恵の菩薩といわれ、現在でも京都近辺では、頭が良くなり受験にも成功するように十三参りという行事があるのですが、このとき虚空蔵さんにお参りします。虚空蔵講という集まりが現代でも残っている地域もあります。

この虚空蔵の脇侍《わきじ》は、雨宝童子《うほうどうじ》と明星天子《みょうじょうてんし》であり、雨を呼ぶ玉、星の信仰などが付随して、民間伝説につながる人びとの信仰を集めてきました。曼陀羅《まんだら》にも描かれる宇宙である虚空蔵が、そら、天空とつながるからでしょうか。また、虚空蔵菩薩を拝む人や寺院ではウナギを食べてはいけないといわれているそうです。

さて、ここで問題になるのは、『記紀』にある神功皇后の系譜上の妹姫・虚空津姫《そらつひめ》のことです。『記紀』には系譜に名前があるだけで、この妹姫に関する何の具体的な記述もないので、虚空津姫の存在に仮託して、後世の寺社関係者が自由な伝説をつくり上げていったのかもしれません。與止日女は神功皇后の妹だといわれることがあり、そこから、與止日女すなわち空虚津姫という解釈も可能となります。いくつかの実例については後に述べます。

現在も水路として活躍している那珂川にある「裂田《さくた》の溝《うなで》」は、神功皇后の関わった水路の開削工事の伝説があり、難工事の岩を裂いたのは雷山の主神（中世には水火雷電神と呼ばれたが、ニニギノミコトとの説もある）といわれます。雷山に水源を発する嘉瀬川の川の女神は與止日女ですが、「裂田の溝」付近のお宮にはこの女神が勧請されています。そこでの伝説として、神功皇后の首に鯰がついて、その存在が與止日女を象徴しているようです。実際、與止日女の信仰圏の人びとは「鯰を食べない」というタブーを守っているということです。

後に詳しく触れますが、福岡の桜井神社にも、神功皇后の首から肩に鯰がまきつく絵馬が掲げられていました。桜井神社は鍋島藩主が創設した近世の神社ですが、突然の水害を契機として登場した神社で、祭神は與止日女を勧請しています。ここでも、水を制する二つの珠の呪術をもつ女神として、河上神社の與止日女が近世には信仰されていたことが分かります。この呪術的力をもって、與止日女が神功皇后の妹としての位置を占めるに至ったのだと判断できるのです。

つまり、本来の『肥前国風土記』に登場する與止日女は、河上の荒ぶる石神の世田姫であって、宗像の珂是古《かぜこ》に鎮められた荒ぶる機織りの女神と同様に、大和側の天皇や皇子、先に大和側に帰順した地元の豪族に滅ぼされる側の、土蜘蛛といわれた土着の豪族が祀った女神か女首領でしょう。滅ぼされるとき、ヤマトタケルに猛《たける》の名を献上した川上猛《かわかみのたける》の一族だったかもしれません。武力で征服されたり、あるいは自ら帰順した地元の豪族は、服従の意思を表すために、自らの集団の信奉する神宝を捧げ、彼らの土地や臣民とともに宗教的にも征服者の側に吸収されました。出雲の集団も但馬の天日矛《あめのひぼこ》の集団も同じ運命をたどっています。

河上の世田姫＝與止日女＝豊姫＝豊玉姫のもっていた川と海の水を操作できる二つの珠は、神功皇后という八幡の女神に取り上げられ、地元集団は大和に帰順したのです。しかし、八幡の三神のうち、宇佐では中央に祀られる比売大神《ひめおおかみ》は、本来は八幡神の応神天皇やその母・神功皇后よりも大事にされた神様のようですが、神格がハッキリせず、宇佐氏・辛島氏・大神氏それぞれの女性祖先とも巫女ともされることもあります。宇佐では宗像三女神としていますが、玉依姫としている神社も多いです。地元の海民集団の祀る女神としているところが、大和側についた八幡宮の比売大神へのせめてもの感謝の気持ちなのかもしれません。

さて、世田姫から始まるこの不思議な名前の連鎖はどこかですり替えられています。豊姫をゆた姫と読ませるあたりですが、『肥前国風土記』では、この鰐大明神でもある姫は、海から満潮に乗って海の魚とともに河上の石神・世田姫のところまでやってきて、両者は融合するかのように語られています。

世田姫、與止日女は川の水を操作する女神ですが、干満の激しい有明海では、満潮のとき、海水に押し上げられた真水のアオを貴重な農業用水や飲用水として取水しました。龍宮の姫である豊玉姫から山幸彦にもたらされ、海幸彦を従わせた二つの珠の存在があります。それを満潮の潮に乗って上流まで来た豊姫を介して入手し、荒ぶる石神から和魂《にぎたま》に姿を変えた與止日女が、川のみでなく海をも制御する二つの珠の持ち主となったのでしょうか。

それこそが、有明海沿岸の佐賀平野と河上とのつながりのなかでつくられ信仰された、地元の環境に即した独自の「水の伝説・神話」体系だと考えられます。

五　與止日女と神功皇后の系譜上の妹・虚空津姫

われわれは二〇〇六年六月のはじめに、北九州市や福岡市にある、和布刈神社《めかりじんじゃ》、宗像神社、岡湊神社《おかみなとじんじゃ》、志賀海神社《しかうみじんじゃ》、宮地嶽神社《みやじたけじんじゃ》、桜井神社、高祖神社《こうそじんじゃ》、香椎宮《かしいのみや》などを歴訪しました。環有明海地域を、北九州というより広い視野から見直すためです。

そこから得られた知見は多々ありますが、ここでは二点の指摘をしておきます。

一つは、志賀海神社を訪ねて風浪宮との比較ができ、より深いワタツミ信仰の理解が得られたことです。同じ祭神を祀っていても、地域が異なれば、当然それぞれの地域特性が信仰にも反映するものです。

風浪宮では、ワタツミ神の祭主である阿曇磯良への信仰が表に出ており、彼が二つの珠を龍宮から借り受けてきた功労者として顕彰されていました。そのエピソードには、神功皇后の御座船の舵取りであるという皇后の海戦伝説が大きく影響しています。

一方の志賀海神社では、太古から現在に至るまで祭主はたしかに阿曇氏でありますが、とくに強調されるのは、藻塩焼く海人の祀るワタツミノカミそのものへの信仰です。何よりも、志賀海神社の阿曇磯良は珠とともに語られていません。むしろ、福岡地方では珠は五色の珠として、宗像神社のほうに登場します。

風浪宮で、潮の満ち干を操作する二つの珠がとくに強調されるのは、與止日女や御髪大明神が川と海の水を制するという二つの珠の伝説との相互作用で増幅されているのではないでしょうか。少なくとも、干満の差の激しい有明海沿岸という独特の地域性が、神話や伝説を特徴づけるのでしょう。

もう一つの発見は桜井神社で得られた、災害を防ぐ神として祀られた與止日女のことです。近世の桜井神社では、災害と洪水に襲われたとき、地元の女性が神がかりして、河上の與止日女が勧請されました。神がかりした女性も、志摩の浦姫として祀られています。

與止日女が洪水と災害を守る神として信仰されることと、神がかりする新しい女神伝説の誕生が重要です。志摩郡の浦姫がそれですが、沖ノ島参りの「お島さん」、彼女も新しい伝説の女神であるのでしょう。そして、桜井神社には、神功皇后の首に巻きついた與止日女の化身ともとれる鯰の絵馬が飾られていたのです。

さて、ここから、少し他の地域の神話を参考にして、神功皇后の系譜上の妹・空虚津姫について見ていきます。

広島県に鞆の津の祇園さんと呼ばれる有名な祇園社が存在します。現在は、沼名前《ぬなくま》神社として、ワタツミ社と合祀されています。

そこでは、妹君・虚空津姫を祭主とした神功皇后神話が語られており、空虚津姫は別名・淀姫として、鞆港の入り口の丘にある淀姫神社に祀られています。

鞆の津の地名も、弓を入れる具をつける「鞆」を、肩から外した形からきているという地名伝承があります。この鞆の絵を見ますと、鯰に似ているのが不思議です。

「稜威《いづ》の高鞆《たかとも》」は、社務所に掲げられている絵画で、実物は非公開ということです。この「鞆」の形が港湾

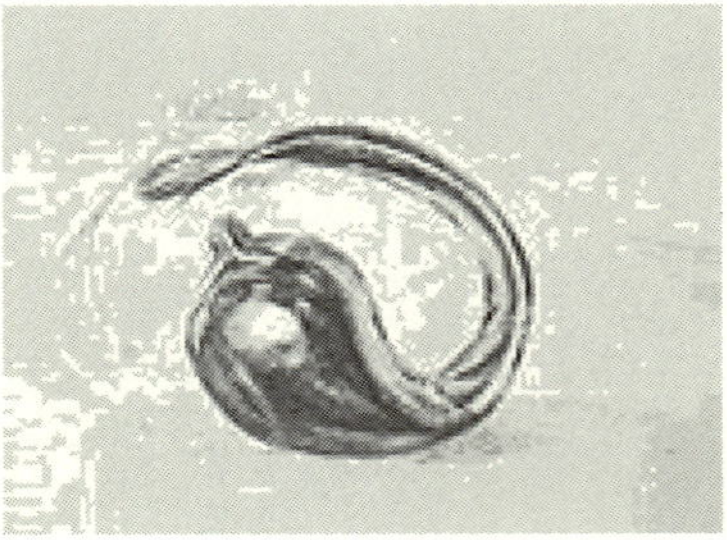

図１　稜威《いづ》の高鞆《たかとも》

の形と似ていることから「鞆の浦」と名づけられたとの地名伝説があります（http//www.sawasenJp/kawaraban/annai/nunakum3/nunakuna.html より）。

さらに、筑前（筑上郡吉富町）の古表《こひょう》八幡社では、放生会《ほうじょうえ》に傀儡子《くぐつ》相撲が行われますが、山国川の御座船上での相撲奉仕に続く神殿での相撲は、牛に乗った神功皇后の木像の御前で行われます。その傍らに脇侍のように従うのが空虚津姫の木像ですが、なんと上半身裸の腰巻姿なのです。

虚空津姫の名と、虚空蔵信仰とうなぎを食べないタブー、脇侍としての雨宝童子、與止日女と鯰を食べないタブー、これらの関係から見えてくるのは、うなぎと鯰は地震や洪水などの災害を起こす神のお使いだと考えられてきたことです。

神道の神の祀り方は、荒ぶる神をなだめ祀ることによって和魂に変換させ、災害の守護神になってもらうというものです。天神や祇園神への信仰と同様に、荒ぶる石神の世田姫、すなわち與止日女への信仰は、農業の利水だけでなく、地震や津波、洪水などの環境リスクを分散させるための信仰でもあったのだといえます。

六　まとめ——珠の行方と意味の変遷

さらに佐賀地域の宗教地図は神仏習合の形をとって多岐多様な展開を示しています。ここでは、與止日女のもつ青い潮満珠と白い潮干珠と「海と川をめぐる水の操作の信仰」に焦点を絞りましたが、ほかにも次のような地域特性をもった信仰が存在します。

① 神埼周辺の『記紀』に記された景行天皇やその皇子・ヤマトタケルノミコトの活躍の神話と御櫛《おくし》田《だ》神社・高志《たかし》神社・白角折《おしとり》神社との関係、
② 脊振山と英彦山、ほかの九州の霊山（宝満山、雷山、基山、油山等）とのネットワーク、
③ 海の辨天と宗像の市杵島姫、修験道で語られる山の辨天と龍と乙護法童子の関係、
④ 山王《さんのう》信仰の仁以山《にいさん》神社と修験、行基と八大龍王の関係、
⑤ 有明海から潮の流れや川の流れをたどって渡来した徐福《じょふく》伝説と巨石信仰、

以上のような、この地域に分布する多様な神仏信仰、修験、民間道教、陰陽道などを詳細に検討することは今後の課題です。そこからさらに新たな知見が得られるでしょう。

重要なのは、地域の独特な個性を保ちながら、他地域とさまざまな立場で関係性を結ぶネットワークができていること、また、政治的なつながり、社会経済的なつながり．歴史文化的なつながりが相互に絡みあっていることです。

支配・服従の古代から近世までの歴史的経緯のなかの政治的関係は、祭政一致の古い時代であるほど、伝説・神話に反映されています。為政者は歴史的言説として神話を創作しました。『記紀』といわれる『古事記』や『日本書紀』の生成過程を見ると、中央や地方で政治力のあった豪族たちの先祖の武勇伝が、時

の政治的リーダーに寄与したと認められたら、この画期的な神話から始まる歴史書に収録されたわけです。これこそお墨付きです。

近代日本は、明治の富国強兵・殖産興業から、成長と敗戦、その後の急成長とグローバル時代の新たな政治経済状況を経て、二一世紀を迎えました。

もちろん、生産と交易の経済ネットワークは現代でも昔ながらの流通経路として、街道や河川のつながりを残す場合もありますが、現代の道路・鉄道網、さらに航空路の導入や、資源やエネルギー活用における技術革新などによって大きな変化がきざしています。とくにこれから未来に向かってもっと大きな変革のときを迎えることになるでしょう。この二一世紀のはじめにあたり、地球の未来の選択は地域の人びとの最善の意思によってなされるべきです。そこには、二〇世紀の経験から学んだ新たな反省、つまり、吉野ケ里の文化を育んで奇しくも現代にバトンタッチされた、この地の利点を再確認することが必要でしょう。さらに、人をいままで生かしてきた生産技術、生活の仕方、社会の仕組み、ものの考え方や判断の基準を検討し、これからの有限な自然環境への対処の仕方や、新世紀の価値観の創造に至るまで、ともに考えていくのが地域に生きる知恵であるに違いありません。

與止日女から、あるいは阿曇磯良から神功皇后にもたらされたとする、本来の『記紀』の神功皇后海戦神話にはなかった潮の満ち干を操る二つの珠を、軍事上のツールとして登場させた中世八幡宮の作戦は、蒙古襲来という空前の危機に北九州の国防線を強く意識させました。この珠の威力は、やがて一般の漁民や農民にも意識され、ワタツミの神や與止日女（御髪大明神）が海や川の水を操作する力の源泉をもつという、より日常の生産や生活に必要な神として意識されてきたわけです。その動きを、改めて有明海沿岸から北九州全域へと広げてたどってみます。そこで統合の役割を担っているのが、八幡宮の神功皇后神話であることが分かります。

第Ⅱ部　神功皇后のトポス

一　風浪宮の空間と儀礼――海と川のはざま

1　花宗川と大川

風浪宮は筑後川水系の花宗川《はなむね》のほとりにあり、その起源を語る神話では、神功皇后と武内宿禰《たけのうちすくね》が白鷺に導かれ、いまの日吉神社のある榎津のあたりから上陸し、白鷺のあとをたどった阿曇磯良丸が祭主となって、酒見の土地に少童神《わたつみのかみ》を祀ったと語られています。

花宗川は筑後川の支流で有明海に注ぐ干満の差の激しい川で、〈アオ取水〉がつい最近の平成まで残りました。干潮時の盛り上がる干潟を〈津〉と呼び、そこが〈港〉の語源となったのかもしれません。近隣の柳川では、殿さまの特別の潮干狩りの場を〈殿津〉と呼んだそうです。

筑後川を大川と呼び、現・大川市は日田からの矢部川（もとは八女川とも）を下る木材の集結地でした。阿曇の末裔である海人・水軍集団がここに住みつき川を遡り木を伐り造船をしたのでしょう。九州一円、全国にも著名な木工と家具の町ですが、いまは木工所も家具店も往時のようにはなかなかいかないようです。

2　神饌魚〈グチ〉をめぐって

有明海の海の幸はいまも豊富ですが、風浪宮の「沖詣り海神祭」のお供えの魚〈グチ〉について発見がありました。ここ有明海では、儀礼のお供えの魚として、鯛ではなくグチが珍重されます。私はこの魚を韓国の先祖祭祀におけるお供えに不可欠な儀礼魚として実見し、釜山のチャガルチ市場で韓国人の友にそれだと教示もされ、その魚とグチは同種だと確認しました。在日の方から同様の証言もあり、日韓併合時代にソウル在住だった一九一八年生まれの日本婦人による「グチはキムチに入れる高級材料でもあった」という証言も得ました。類似の生態系と、神も好む高級魚としての食文化および儀礼文化の一致が見られます。

「珍島物語」にうたわれて、韓国の龍神祭に海が割れ沖の珍島との間を歩いていく儀礼も有名になりました。歌詞を聴くと風の神様に感謝をしています。半島側の海人の儀礼でしょう。

3　沖詣り海神祭の「三段浮かし」

沖詣り海神祭で有明海に出た御座船では、古からの阿曇磯良丸に従う七艘の船の名跡を継ぐ、いまは五人の宮乙名《みやおとな》の方たちが、稲藁で「三段浮かし」といわれるものをつくり始めました。海神祭をしてよいか海神のご意向をうかがう占いだそうです。藁をねじり直径五〇センチほどの円錐形を大小二つつくり、それぞれ百田紙《ももたがみ》という白紙を被せ竹筒三本と三体の小幣を挿します。竹筒にお神酒を、竹筒と小幣を結んだ麻の輪に載せた土器には小豆飯のお供えを入れて、沖に流します。三段、三本、三体などに見られる三という数の象徴は、ワタツミ神が三柱であるからだと推察します。

しかし、その形状はトグロを巻いた雌雄の龍とも海蛇とも見えました。そのわけは、やはり海の贄《にえ》としてのワカメの解禁日である出雲の日御碕《ひのみさき》神社の和布刈神事《めかりしんじ》において、宇龍《うりゅう》の浜のスサノオノミコトの荒魂社《あらたましゃ》の木に、荒神《こうじん》でもある藁蛇が巻きつけられていたこと。さらに、出雲ではこの神社や佐太《さた》神社、出雲大社においても、浜に打ち上げられた海蛇が龍蛇様《りゅうださま》としてトグロを巻いて三宝《さんぽう》に載せられ、神前に奉納された風習に思いをめぐらすからです。

さらに、風浪宮と同じ祭神を祀る対馬の和多都美《わたつみ》御子神社でも、ある時期海から寄り付く金色の鱗の海蛇を、神の使いとして漁民の道具である竹製のショウケですくう神事の存在が、宮司であり研究者である永留久恵《ながとめひさえ》氏によって報告されています。

古代の那の国である福岡の金印の島、志賀島の志賀海神社は万葉集にも歌われる阿曇の海人とワタツミ信仰の重要拠点ですが、その宮の傍らを流れる川は天竜川です。海の龍は天翔る龍でもあるのです。

阿曇宮司さんのお話によれば、この志賀海神社では、その儀礼において「山褒め《やまほ》」の詞を奏上します。海と山がつながっていることを、海彦・山彦の神話だけでなく、われわれの祖先はいろんな仕掛けをこらして伝えてきているのです。

また、宇佐八幡宮の放生会と並ぶ大祭・行幸会では、薦《こも》神社の三角池の真薦でつくられた薦枕が儀礼の中心とされます。宇佐八幡宮の研究をされた中野幡能氏によれば、「宇佐池公という宇佐の一族は、薦神社を祀り駅館川《やっかんがわ》付近のため池造成で名高いが、海氏《あま》という阿曇系の海人集団の出で、宇佐族と融合したと見られる」と述べています。

二　祭神・少童命《わたつみのみこと》と祭主・阿曇磯良丸

ワタツミの神（表津少童＝うわつわたつみ、中津少童＝なかつわたつみ、底津少童＝そこつわたつみ）はイザナギノミコトの禊《みそぎ》から生じた海神で、住吉三神（表筒之男＝うわつつのお、中筒之男＝なかつつのお、底筒之男＝そこつつのお）と同時に、天照大神、月読命、スサノオノミコトの出生の直前に出現しています。ワタツミ系神社は北九州を中心に、志賀海神社、対馬のワタツミ神社、有明海近辺の海童《わたつみ》神社、高良玉垂宮などがあり、神戸市垂水区にも延喜式に記載のある海神社《かいじんじゃ》が現存します。高良玉垂宮は石清水八幡宮の地主神であるためか、守口市をはじめとして大阪近辺に八幡宮とともに存在することが多いそうです。

阿曇磯良は風浪宮の現六六代阿曇宮司の祖先といわれます。とくに中世以降、有明海周辺で勢力の大きかった久留米市の高良玉垂宮には、かつて諏訪神社の大祝《おおはふり》同様、生涯領地外不出であった大祝がいましたが、大祝を補佐する小祝の五姓氏のなかに阿曇氏の記録が見えます。同族でしょう。

玉垂宮の祭神は、武内宿禰、阿曇磯良、または武内宿禰とともに出陣し、藤大臣と名乗ったとか、筑紫の豪族・水沼君《みぬまのきみ》の祖神であるなど諸説あります。風浪宮と同様、蒙古襲来の北九州防衛の危機に神功皇后に従う水軍系の陪神として、八幡神信仰の中世における中興にともない大きな信仰を集めました。

阿曇磯良についても諸説あり、その一つに底津少童説があります。彼は海底にいたため牡蛎の殻や藤壷などが顔につき醜く、表に出ることを嫌ったといいますが、醜男《しこお》とは力持ちのことでもあります。座礁した神功皇后の御船を引っ張ったといわれています。また、皇后の海戦の勝利のために八乙女《やおとめ》の舞によって誘い出され、龍宮の海神から潮満珠・潮干珠を借り受けてきた功労者とも伝えられます。風浪宮の木像や、中世の絵巻物にその姿が描かれています。

前述の説話も、石清水八幡宮の僧が鎌倉期に編纂したといわれる『八幡愚童訓』などにある逸話ですが、同書や同時期の宇佐側の神吽《じんうん》編纂による『宇佐託宣集』に、神功皇后の御船の舵取り・阿曇磯良といわれるときは表津少童の具現化でしょうか。

一方で、宇佐八幡宮に近い山国川流域の古表八幡社や古要《こよう》八幡社の無形民俗文化財である細男舞《せいのうまい》といわれる傀儡子の舞には、磯良舞《いそらまい》も付随しています。ちなみに神功皇后像と脇に控える妹姫・空虚津姫像の御前でとり行われる放生会《ほうじょうえ》の傀儡子相撲では、西の住吉神が東の多勢の神様たち相手に、一人勝ちの大活躍をします。

放生会は八幡神を奉じて隼人を攻めた北九州の八幡の氏子たちが、隼人の菩提を弔う仏教行事から発展した神仏習合の大祭で、全国八幡社共通の祭りです。古表・古要両八幡の傀儡子はあわせて百体あり、各地の八幡社の境内社である百体社は、これにちなむ名だといわれています。

放生会では、海に滅びて貝になったといわれる隼人の霊のつもりでしょうか、ニナ貝を放すのですが、百体の傀儡子も隼人の鎮魂に関わるのでしょう。傀儡子の着物の虫干しまでするのですから。八幡神や神功皇后の御座船を舵取り操った阿曇も住吉も、隼人と同じ海民です。自らの本拠地の為政者に従って海戦を戦ったけれど、海を活躍の舞台とする同じ海民としての連帯があったに違いないのです。

阿曇磯良についてはほかに、ワタツミ系母子神（豊玉姫とウガヤフキアエズ）信仰と関係づけた解釈も成り立ちます。つまり、山幸彦（すなわちヒコホホデミ）と豊玉姫の御子・ヒコナギサタケルウガヤフキアエズノミコトは磯の産屋で生まれた〈磯猛《いそたける》〉でもあります。また、永留久恵氏の論じる対馬ワタツミ社の聖所・海辺の〈磯良エビス〉という石積みの構造物は、磯良の依り付く場でもあり、エビス神との関連も示唆します。

叔母であり乳母である玉依姫と結婚し、神武天皇の父となるウガヤフキアエズノミコトは、この系譜上の記載と出生時の記載以外に事跡のない神です。神武につながる系譜とは矛盾しますが、渚に産み捨てられたか、海より依り付いたエビスのような少童でもあるのです。ここから、磯良は海の精霊であり、ウガヤフキアエズとは、海神の姫・豊玉姫、玉依姫姉妹を神武天皇の系譜に結びつける海童の具現化そのものと受け取ることも可能です。

三　神功皇后と水軍

1　神功皇后と阿曇の水軍集団

ウガヤフキアエズと叔母・玉依姫との結婚による神武の誕生と、八幡母子神（神功皇后と応神天皇）の神話的重層関係を通して八幡社による政治宗教的九州統合が達成されます。つぎに、北九州の大陸・半島との古代国際関係が導かれ、聖武天皇の大仏開眼会は八幡神の華麗なる中央デビューでした。平安期には石清水八幡宮に分霊し朝廷との結びつきも強まります。さらに、鎌倉の源頼朝一族による鶴岡八幡宮の興隆を経て、蒙古襲来の危機に八幡信仰の巻き返しが図られます。その八幡神のご利益の言説が、中世の宇佐での『宇佐託宣集』と石清水での『八幡愚童訓』の編纂のなかで、八幡神は国防の最前線に立つ海戦の軍神となっていったわけです。

2　武内宿禰

神功皇后には武内宿禰がつき従い、その御船を操るのは住吉や阿曇の水軍です。武内宿禰は、高良玉垂宮の祭神とも、北九州に散在する現人《あらひと》神社の祭神ともいわれます。父は武雄（武雄神社）といわれますが、父方の系譜はあいまいです。母方が確実に語られており、母方は紀氏として知られ、摂津住吉大社の祭主・津守氏は彼の母方のイトコといわれます。先述の現人神社との関係ですが、アラヒト↓アラシトとは朝鮮半島三国時代の官名（天日矛とも同一視されることの多い敦賀に上陸したツヌガアラシトにもアラシトの呼称がついている）であると、私はみなしています。

宿禰の子といわれる実在の葛城襲津彦《かつらぎのそつひこ》は新羅との外交交渉を行い、仁徳天皇の皇后となった磐之姫《いわのひめ》の父です。臣下である藤原氏が聖務天皇の皇后に光明子を差し出した先駆になります。

水軍集団は九州では大隈・薩摩の隼人、宗像、阿曇、四国・瀬戸内海では大三島の河野（越智、川野）や因島の村上、九州・紀伊・摂津の住吉や熊野水軍（九鬼）の存在などがあります。諸水軍が各自の得意航路をもっていたようで、一般的には、北九州・瀬戸内海・淀川木津川・大和へのルートがありますが、北九州・四国・紀の川・大和ルートもあります。これが少童（ワタツミの御子神）と豊玉姫（鰐や與止日売とつながっていく豊比売）の阿曇ルートなのかもしれません。住吉と阿曇の水軍集団は祀る神も類似ですが、その勢力分布に、同じ海民・航海民としての競合や編入・協働関係が推測されます。

彼らの諸水軍の伝承が、神功皇后の海戦伝説に何らかの関係をもっているところから、八幡信仰によって統合されてきた神話・説話群は、日本の国の黎明期を象徴するものです。そこに神功皇后卑弥呼説や豊比売説、すなわち卑弥呼の宗女《そうじょ》・台与《とよ》説も出てくるのでしょう。

3　神功皇后の系譜

古代の国際人である神功皇后の血筋を見ると、父の息長宿禰王《おきながすくねおう》は近江息長氏で、その名から海民か鍛

山幸彦・海幸彦神話：ニニギノミコト→山幸彦→ウガヤフキアエズ→神武天皇

コノハナサクヤ姫＝カミアダツヒメ、豊玉姫、玉依姫（叔母・乳母・妻）

↑　↑　↑　↑

大山祇神（河野）、吾田（隼人系）、ワタツミ母子、八幡系比売神

↓　↓

與止日女（河上神社）、宗像三女神

↓

神功皇后の妹、スサノオの姫（朝鮮半島）

市杵島姫（安芸の宮島）、辨天

図1　三つの珠と神々の系譜

治を統率する豪族であったのでしょう。母の葛城高額比売《かつらぎのたかぬかひめ》は但馬の天日矛の子孫で、天日矛は新羅からアカル姫を追って渡来した王子で、韓鍛《からかぬち》を代表する鉄の豪族が祀る神です。『記紀』には、その従者は畿内のあちこちに定住し、陶工、鏡づくり、鍛冶師などとして大陸からの先端技術を伝えたといわれています。

天日矛（天日槍）の事跡は景行－成務－仲哀（神功皇后の夫）－応神と続く天皇譜の直前の垂仁記や応神記で語られ、この時代は天皇の実在と非実在の狭間の時期にあたります。熊襲平定のために筑紫に赴いた仲哀天皇と神功皇后の下に、伊都県主《いとあがたぬし》のイトデは自ら帰順し、彼は「天日矛は自分の先祖である」と名乗っています。

天日矛が、但馬一宮の出石《いづし》神社に落ち着いた経路の記載は重要です。近江の吾名邑《あなむら》も経由しており、その地は大津の穴太《あのう》か、坂田郡かの可能性を指摘され、後者には穴太村主《あのうすぐり》がいて志賀忌寸《しかいむき》を賜姓されたとのことです。また紀伊にも伊都郡があります。

山陰では、応神天皇が名替えをした敦賀の気比《けひ》大神は父・仲

哀天皇を祀った神との説もありますが、近年は天日矛説のほうが優勢で、ここはツヌガアラシトの故地であります。

4　潮満珠・潮干珠の持ち主と機能の変化

ここで、潮満珠・潮干珠の持ち主と機能の変化を追いながら、諸水軍がどのように神功皇后、すなわち八幡信仰に結びついてきたかを図示してみます。

豊玉姫（龍宮海神）から山幸彦が授かった二つの珠は、有明海のような低地の治水利水を掌握する農業経済・政治の機能を象徴する技術でした。地方の荒ぶる神であった嘉瀬川の與止日女も、神功皇后（八幡神）の妹として吸収合併されます。珠は阿曇磯良の伝説を経て、中世には海戦・防衛のための水城《みずき》や航海を制御する武器となるわけです。

四　筑後の河童伝承

筑後国の三大神社祭礼は、高良玉垂宮、風浪宮、水天宮《すいてんぐう》の祭りだといわれますが、地元伝承を見てみましょう。

筑後川の周辺では、平家の落武者伝説と河童伝説が融合したのか、「源平海戦で入水した平家の男は阿曇に、女は河童になった」といわれるそうです。河童と海童が同一視される土地柄ですが、それも干満の激しい有明海の特徴からくるもので、川と海との交錯でしょう。

一方、より広域の筑後・肥前肥後地方の民俗伝承においても、川童《かわわろ》と山童《やまわろ》が春秋を境に同一存在が交代するという報告がなされています。

河童伝説に関しては、民俗学者・文化人類学者の小松和彦によれば、全国的に河童の存在や伝承が固定したのは近世と見られる。しかし、地方にはそのもとになる伝承が古くから存在している。最近の河童の学術研究のなかに「木工大工の河童建築使役人形説」があるとのことです。木工の町大川にとっては意味の深い研究ではありませんか。

さらに「傀儡子起源説」もあります。古表、古要八幡神社（山国川付近）の傀儡子相撲は、宇佐八幡宮に始まる放生会につらなる重要な儀礼で、それについては先に述べましたが、古代の八幡神に滅ぼされた隼人の霊の鎮魂に深く関わるものです。この儀礼に伴う磯良舞は細男舞としても知られ、いまは奈良の春日大社の春日若宮御祭り《かすがわかみやおんまつ》で舞われます。有名な宮崎駿のアニメーション映画「千と千尋の神隠し」で、春日様として登場する白い覆面をしたキャラクターはこの細男舞の装束をもとにしています。

筑後川のイメージキャラクターである河童ですが、その伝説の奥は深く、かつ九州を越えた広い人と神仏信仰のつながりも秘めてきているのです。

五　北九州における有明海の位置と今後の展望

玄界灘・宗像神と筑後川流域・高良玉垂神や少童神を結ぶ水沼君《みぬまのきみ》の存在が注目されます。また、筑後川をはさんだ水沼君と嶺県主泥麻呂《みねあがたぬしどろまろ》の諍いを示唆する『日本書紀』の記録があり、嶺県は三根郡、三根川は城原川に比定されています。

筑後川流域歴史文化研究センターHP・田中正日子「筑後の古代史を読み解く・連載①」によれば、

> 四六六（雄略一六）年六月、東シナ海を無事航海し終えた遣宋使船が有明海に入り筑後川の河口部に碇をおろした。ところが、身狭村主青《むさのすぐりあお》らが宋から持ち帰った二羽の鵞鳥が、水沼君の犬に噛み殺されたという。石人の存在が伝えられる久留米市大善寺町の五世紀後半の御塚古墳、それに隣接する六世紀前半の権現塚古墳を築いた水沼君の本拠地で起きたトラブルである。だが『日本書紀』は、鵞鳥を噛み殺したのが筑紫の嶺県主泥麻呂の犬だとする別本も紹介している。嶺県は後の肥前国三根郡辺りに比定され、水沼君の領地とは筑後川を挟んだ対岸にあたる。いずれにしろ、身狭村主青らの遣宋使船が筑後川河口部を拠点にしていたのである。ところで、五世紀代のヤマト王権は、西日本の豪族の領地内に県（直轄地）を設け、在地首長を県主としてその経営にあたらせていた。水沼君はその県主で、しかも玄界灘の孤島、沖ノ島に斉く「道主貴《みちぬしむち》」すなわち航海神を祭っていた。東シナ海の航海に出る有明海の海民を支配して、遣宋使船にかかわったのではないだろうか。

とあります。前記の記述や従来の解釈では、玄界灘と有明海との連絡も外洋を行くのが当然とされてきたようです。しかし、有明海をめぐる潮の満ち干に関わる地元の人びとの知識技術や、川を遡上する阿曇や豊比売の伝承に出合ったわれわれに、まったく新しい視点がもたらされています。今後の展望として、玄界灘と有明海には、玄海側の御笠川や水城と筑後川有明海に向かう宝満川等を結んだ、陸内の水路をたどる船による運航路の存在した可能性をさぐる試みもあります。

　また、北九州における神々のネットワークを統合した八幡神とのつながりで、風浪宮、高良玉垂宮、志賀島や対馬のワタツミ神社の阿曇氏、あるいは宗像氏、水沼君ら水軍集団の果たした役割はなんであったかを考察することが重要です。彼らは航海術と造船技術のみならず、河川工事、港湾土木技術、ため池造成技術などをもっており、大陸や半島の技術を伝えた可能性があります。

　琵琶湖のほとりを本拠地とする穴太衆《あのうしゅう》は、比叡山寺院や戦国時代の城の石垣造営以前に、古式穴太の技術をもって、古代の古墳の石垣も積んだと後継者の粟田純司氏は想定されています。琵琶湖畔の近くに、安曇川《あどがわ》を遡って定着し、比叡山につながる葛川明王院《かつらがわみょうおういん》の荘園の住民として、木材を切り出し筏で川と琵琶湖を行き来した安曇と見られる集団がいます。この森と川の民が祀った神は、安曇川の河童を懲らしめ手馴づけた志古淵明神《しこぶちみょうじん》で、明王院の地主神となっています。琵琶湖畔には志賀の地名もあり、志賀海神社の神は志賀大明神とも呼ばれますし、志古淵明神の志古（醜）の名も気になります。この安曇と穴太衆が近縁の集団だった可能性さえあるのかもしれません。

さらに、有明海沿岸に鹿島《かしま》の存在がありますが、ここと、関東から東北の太平洋岸にかけての鹿島信仰との関係、また志賀島《しかのしま》とどう関わるのかも気になるところです。志賀海神社には神功皇后の故事に倣って、祈願成就のお礼に鹿の角を奉納してきた「鹿の角の奉納庫」が存在しているのです。この探求は今後の課題です。

そして、関東から東北の鹿島神社は鯰をそのシンボルとしており、それは地震と津波を起こす存在で、三陸沖・東北など甚大な津波被害をこうむったことのある沿岸地域では、いまも鹿島信仰は切実なものがあるのだということです。江戸時代の桜井神社の創設に絡む、災害の歴史的事実や、空虚津姫・与止日女・鯰の結びついた信仰に出合ったことによって、今回得た知見から新たな展望も生まれています。

第一二章　佐賀平野と「ふるさとの見分け方」

桑子　敏雄

城原川《じょうばるがわ》ダムや新幹線などの公共事業の問題をめぐって、佐賀平野で対立・論争が起きている。この地域に限らず、二〇世紀の公共事業では、これまでさまざまな形で紛争が繰り返されてきた。一九九七年の河川法改正のきっかけになったのは、長良川河口堰問題である。改正によって、二つの重要な点が河川行政の課題として付け加えられた。すなわち、河川整備計画策定において、流域関係住民の意見を計画に反映させるということであり、もう一つは環境に配慮するということである。

「流域関係住民の意見反映」という課題は、河川行政への住民参加として理解することができる。選挙による代議制民主主義では十分に対応しきれない地域の声を河川整備事業に反映させるという法律は、その精神をどうすれば生かすことができるかということを課題としている。わたし自身、「住民意見の反映」ということで、城原川流域委員系に参加しながら、どうすれば、これが実現できるかを考え続けた。

たしかに、河川法は、住民意見の反映を義務づけている。だが、住民とはだれなのか。どこまでが住民なのか。この点が明確ではない。

「住民合意」は、課題であるが、他方、「合意形成」については、限定された住民との合意だけを考えればよいかという問題が生じる。国土交通省もこの点については、特定範囲の人びとだけに合意を求めればよかった時代は過去のものになったという認識を示している。

国土交通省の大臣官房が二〇〇三年に発表した「公共事業のアカウンタビリティ向上を目指して」という文書は、「住民参加」と「不特定多数との合意形成」の実現を時代の要請としている。

「公共事業のアカウンタビリティ向上を目指して」にも述べられているように、いま求められているのは、地権者など、地域のキーパーソンを中心とする特定の利害関係者との根回し型の合意のとりつけではない。こうした特定利害関係者との合意で済んでいたのは、二〇世紀型の公共事業である。二一世紀の公共事業では、事業によって直接の影響を受ける人びとだけではなく、何らかの影響を受ける可能性をもつ人びと、たとえば、環境や景観の変化などに関心をもつ人びとにも話し合いの輪に入ってもらうのでなければならない。では、どこまでが利害関心のある人びとか。

社会的合意形成の関係者とは、特定の利害関係者ではなく、どこまでの範囲ということの境界が明確でない人びとである。つまり、広く社会に開かれた合意形成が求められている。この「不特定多数との合意形成」を、わたしは「社会的合意形成」と呼ぶ。

多額の税金を投入して行う公共事業に関しては、納税者全員が利害関係者であろう。たとえば、国費だけで行う事業として、かりに四〇〇〇億円の事業であれば、国民一人当たり四〇〇〇円近くの負担をその事業に対して負うことになる。治水ダム事業の恩恵を受けるのは、洪水リスクを免れる人びとであるから、事業者は、こうしたリスク回避のために、それに対応した負担を納税者一人ひとりに納得してもらうための説明をしなければならない。

では、なぜ社会的合意形成が求められるようになったのだろうか。それは、過去の事業では、その目的が特定の価値の実現、たとえば、ダムであれば洪水リスクの軽減が図られ、利水という水利用による経済性メリットが説明の材料となって、ダム建設の根拠が示されてきたからである。また、新幹線や道路の建設であれば、それによって地域の経済活性化が説かれたからである。

社会的合意形成が必要となってきた背景には、こうした開発至上型の公共事業の名目の背後に隠れていた環境や景観、地域文化などの価値が目に見えるようになってきたという事情がある。これらの価値は、金銭的な経済性の背後に隠れていたのである。二〇世紀には、こうした金銭的な価値の追求によって、地域のもっている環境や景観、文化などの資源・資産がむしろ失われ、地域らしさがどこにもなくなってしまった。事業者は、環境や景観など金銭的価値に換算しにくい資源・資産のことを考慮することなく、事業を進めてきたのである。

だが、こうした環境資源や景観資源の価値は、失われようとするときに、あるいは、失われてしまったあとで、その景観の存在が当たり前に思ってきた地域の人びとによって、自覚されることになった。有明海は、そのような意味で、金銭的価値に換算することの難しい資源・資産である。しかし、そこはまぎれもない資源であり資産である。龍宮の説話は、その豊かさを地域の人びとの脳裏に刻み込むための重要な装置であった。単なるおとぎ話ではないのである。

だからこそ、地域の資源や資産を見る目が必要なのである。あるいは、地域の自然、歴史、文化の融合したいわゆる「風土」的な価値を見ることが、すなわち「風土資産」をきちんと認識することが必要なのである。こうした風土資産は、繰り返すが、金銭に簡単に換算できないような価値をもっている。金銭的な価値しか見ることのできない人びとは、目先の利益で損得勘定をする。たとえば有明海という風土資産が地域の資産として測り知れない価値をもつことを否定する人はいないであろう。だが、それが失われることによって被る損失をきちんと議論のなかに加えてこなかったのが、これまでの空間再編事業であった。

地域の多様な資源・資産を見る目は、多様な人びとでなければならない。公共事業が環境や景観の問題で紛争の的になるのは、地域空間に対し、きわめて限定された価値しか見ることができなかったからである。多様な目こそ、地域の本当の価値を掘り起こすために何よりも必要である。だからこそ、多様な目によって多様な価値を掘り起こし、対立があれば、その対立を超えた新たな価値を見いだすために、あるいは創造するために、住民合意と社会的合意形成が必要なのである。

しばしば公共事業に反対の立場をとるのは、その事業が人びとの現在の表面上の生活を変えてしまうからだと安易に判断されがちである。しかし、ここで問わなければならないのは、なぜ人びとは、それぞれの意見をもっているのか、その理由をしっかりと把握することである。行政は、客観的、科学的データをもって、計画を「ご理解いただく」ための説明だけを行い、地域住民がどうして異なる意見をもっているかという、その根拠を問う作業を怠りがちである。これに対し、住民のほうは、はやく事業を進めるように陳情するか、あるいは強硬な反対論、批判を繰り返すだけであった。合意形成にとって大事なことは、「多様な価値観の存在を認め合い、それぞれの意見の根底にある価値を掘り起こし、その情報を共有して、よりよい解決策を創造してゆくこと」（NPO法人合意形成マネジメント協会による理解）である。つまり、「それぞれの意見の根底にある価値の掘り起こし」ということが不可欠である。

地域の人びとは、日常的に地域の環境や景観に接しているために、それが危機にさらされていることを知るとき、「寝耳に水」の計画に驚き、反対運動に向かう。しかし、なぜ反対なのかというその理由を十分に説明できないことも多い。繰り返すが、わたしは、この意見の根底にある理由（かならずしも明確に意識されていない価値）を事業者と住民ともに、しっかりと掘り起こす作業が、事業をめぐる合意形成を行う上でもっとも重要なことであると考えている。とくに、河川整備や道路整備など、地域の人びとの生活空間の構造を改変する事業では、その空間のもっている価値（わたしはこれを「地域空間の価値構造」と呼ぶ）をしっかり認識することが、その事業そのものの意義を理解する上で欠くことのできない作業である。なぜなら、こうした公共事業は、地域の人びとの生活空間を根幹から変えるものであり、また地域の経済や産業の仕組み、生態系や文化構造などさまざまな要素からなる地域空間全体に大きな影響を与えるものだからである。

では、地域の人びとの意見の根底にある価値意識も含む地域空間の価値構造をしっかりと理解するためにはどうしたらいいのだろうか。わたしは、以下の三点を「地域空間の価値構造」と呼ぶことができると考えている。それは、

（1）その地域のもっている空間の構造を認識する。

（2）その空間のもっている履歴を掘り起こす。

（3）その構造と履歴によって形成されてきた人びとの関心・懸念を把握する。

の三点である。このそれぞれの説明については、本書第一章「方法としての空間学」の三を参照（一二一一七頁）されたい。

ここで計画立案した人びとということで意味しているのは、たんに行政というだけではない。公共事業の対立において、行政は当然地域のニーズがあったから計画を立てたのだというであろう。だから、その説明には、事業を推進したいという人びともいるのである。しかし、事業に対し異なった意見をもつ人びともいるであろう。むしろ、そのほうが自然であり、当然である。なぜなら、空間再編による影響は、関係者それぞれで異なるからである。地域によって人びとの関心・懸念は異なっている。関心・懸念にもとづいて人びとは自分の意見を述べるのであるから、意見の相違や対立が存在することも当然である。だからこそ、合意形成が必要なのである。

しかし、もし計画された事業が（1）で述べた空間の価値構造を認識していない場合にはどのような

ことが起こるのだろうか。それは、地域の人びとの価値意識に反した事業となるばかりではない。その地域に蓄積された大事なもの、価値あるものを失ってしまうことにもなりかねない。それは地域の財産の喪失であるとともに、将来この地域に生きることになる世代への大切な遺産を失うことでもある。地域の人びとはこのことを明確に意識しないまま心配し、懸念しているのである。だからこそ、計画段階での(1)の作業は必要不可欠である。国土交通省も「公共事業の構想段階における住民参加手続きのガイドライン」を示しているが、紛争に陥ることを回避し、合意を形成するためには、空間の価値構造をきちんと踏まえる必要がある、というのがわたしの意見である。

城原川流域の空間の価値構造を明らかにするためには、空間の構造、空間の履歴、人びとの関心・懸念を明らかにする必要がある。これをわたしは、「ふるさとの見分け方」と呼んでいる。「ふるさと見分け」の根幹は、「山見分け」「川見分け」「海見分け」である。風景を見分ける力をもつ人びとこそが、そこに生きる人びとの関心を正しく捉えることのできる人びとである。

では、佐賀平野のふるさと見分けはどうすればできるのだろうか。すでに述べたように、佐賀平野と城原川のふるさと見分けは、地域空間に蓄積された遠い記憶から説き起こす必要がある。そのためには、近視眼的な目とは異なる目をもつ必要がある。

とくに佐賀平野は、上流の背振山地がつくり出したとだけいうことはできない。むしろ、脊振山地と有明海両方のたまものなのである。そのことを認識するために欠けていたのが海からの視点、海底からの視点である。海の底に立って、山のことを、そして間にある平野のことを考える。そのことによって、その地域に生きている人びとの関心・懸念が見えてくる。地域の人びとは自らの意見を述べるときに、このことを踏まえて発言すべきであろう。それがその地域で生きてきた無数の人びとの努力に応えることになるであろう。また空間を再編しようとする事業者は、空間の構造、履歴と人びとの関心・懸念をしっかりと踏まえ、納得のいく説明を組み立てることが必要であろう。「科学的で合理的で客観的な説明」だけを繰り返す「ご理解行政」では、地域の人びとの関心・懸念に応えることはできない。むしろ逆に、地域の人びとの関心・懸念を「ふるさと見分け」のなかで明らかにし、それに対応する説明を組み立てるべきである。それは地域の人びとの声に、そして風景が語る声に耳を傾けることを意味している。これが「ふるさとの見分け方」でもあり、また「ふるさとのつくり方」でもあるに違いない。

こうして、わたしたちの「ふるさと見分け」は始まったばかりである。佐賀平野の空間的価値構造は、こんな簡単に示せるものではないに違いない。多様な人びとの協力によって「ふるさと見分け」を行い、それを「ふるさとづくり」に向けて展開する、その作業が必要なのである。「龍宮からの贈り物」は、その第一歩を記すことができた最初の道標である。

主要著作：「森を守る法・森を破壊する法」『環境歴史学の探究』（分担執筆、岩田書院、2005年）、「入が池と丹生郡比売」『地域をはぐくむネットワーク』（昭和堂、2006年）、『当屋制の社会人類学的研究』（東京都立大学・学位請求論文、2008年）

岡田　真美子（おかだ・まみこ）

1954年生まれ、兵庫県立大学環境人間学部教授

研究テーマ：宗教が守ってきた環境を、地域の人的ネットワーク、存在の関係性とともに追求している。

主要著作：『地域をはぐくむネットワーク』（編著、昭和堂、2006年）、『地域再生とネットワーク』（編著、昭和堂、2008年）

吉村　伸一（よしむら・しんいち）

1948年生まれ、株式会社吉村伸一流域計画室代表取締役

研究テーマ：川の自然復元と景観デザイン、土木史に関心をもっている。「和泉川東山の水辺・関ヶ原の水辺」の計画・設計で土木学会デザイン賞最優秀賞受賞。

主要著作：『自然環境復元の技術』（分担執筆、朝倉書店、1992年）、『川・人・街―川を活かしたまちづくり』（分担執筆、山海堂、2001年）、『多自然型川づくりを越えて』（共著、学芸出版社、2007年）

執筆者紹介

延藤　安弘（えんどう・やすひろ）

1940年生まれ、愛知産業大学大学院造形学研究科教授

研究テーマ：意味ある小さな「出来事」の連続と人びとの意識のゆるやかな変容により、やがて「構造」を再編していくという「まち育て」の仮説のもとに、人間－環境相互浸透論、ハウジング、コミュニティデザインを中心に研究と実践を重ねている。

主要著作：『「まち育て」を育む—対話と協働のデザイン』（東京大学出版会、2001年）、『人と緑をはぐくむまち育て—まちづくりをアートする』（萌文社、2005年）

片寄　俊秀（かたよせ・としひで）

1938年生まれ、大阪人間科学大学人間科学部教授

研究テーマ：まちづくり学、地域再生計画。環境芸術家を自称。自分が子どものころ満喫した、美しく楽しかった海、山、川、そして下町をなんとか復活させて現代の子どもだちに返すための研究。「たんけん・はっけん、ほっとけん」で、まちや地域の魅力をひきだす。

主要著作：『ブワナトシの歌』（朝日新聞社、1963年）、『まちづくり道場へようこそ』（学芸出版社、2005年）、『いいまちづくりが防災の基本』（イマジン出版、2007年）

島谷　幸宏（しまたに・ゆきひろ）

1955年生まれ、九州大学大学院工学研究院教授

研究テーマ：河川、湖沼、湿地などの自然再生、河川景観の保全、総合的な流域管理。自然再生に関しては、その理念、計画手法、プロセス、技術等、総合的に研究を進めている。「川の応援団」と称し、日本全国の川で自然再生に向けた活動を行っている。

主要著作：『河川環境の保全と復元』（鹿島出版会、2000年）、「景観からみた平常時の河川目標流量の設定に関する研究」『土木学会論文集』第587号（1998年）、「河川整備における合意形成と科学と情報」『四万十・流域圏学会誌』第1巻第1号（2001年）

合田　博子（ごうだ・ひろこ）

1946年生まれ、兵庫県立大学環境人間学部教授

研究テーマ：東南アジア、韓国および兵庫県、北九州をフィールドに、環境と人間の相互作用を、おもに生産資源の配分をめぐる社会関係の視点から探る。とくに祭りを支える集団の調査を切り口とする。

編者紹介

桑子　敏雄（くわこ・としお）

1951年生まれ、東京工業大学大学院社会理工学研究科教授

研究テーマ：日本・東洋・西洋の思想をもとに、環境・生命・情報などの問題にかかわる価値の対立・紛争を分析し、合意形成プロセスの理論的基礎を明らかにするための研究を行っている。実践面では、川づくりや地域づくりでの住民と行政、住民どうし、行政機関どうしの間の話し合いの設計、運営、進行を行いながら、参加型合意形成プロセスを含むプロジェクト・マネジメントの研究を行っている。

主要著作：『空間と身体—新しい哲学への出発』（東信堂、1998年）、『感性の哲学』（日本放送出版協会、2001年）、『風景のなかの環境哲学』（東京大学出版会、2003年）

【未来を拓く人文・社会科学シリーズ12】

日本文化の空間学

2008年8月30日　初版　第1刷発行　〔検印省略〕

＊定価はカバーに表示してあります

編者©桑子敏雄　発行者 下田勝司　印刷・製本　中央精版印刷

東京都文京区向丘1-20-6　郵便振替 00110-6-37828

〒113-0023　TEL 03-3818-5521(代)　FAX 03-3818-5514

E-Mail tk203444@fsinet.or.jp

発行所 株式会社 東信堂

Published by TOSHINDO PUBLISHING CO.,LTD.

1-20-6,Mukougaoka, Bunkyo-ku, Tokyo, 113-0023, Japan

ISBN978-4-88713-860-5　C0330

「未来を拓く人文・社会科学シリーズ」刊行趣旨

少子高齢化、グローバル化や環境問題をはじめとして、現代はこれまで人類が経験したことのない未曾有の事態を迎えようとしている。それはとりもなおさず、近代化過程のなかで整えられてきた諸制度や価値観のイノベーションが必要であることを意味している。これまで社会で形成されてきた知的資産を活かしながら、新しい社会の知的基盤を構築するためには、人文・社会科学はどのような貢献ができるのであろうか。

本書は、日本学術振興会が実施している「人文・社会科学振興のためのプロジェクト研究事業（以下、「人社プロジェクト」と略称）」に属する 14 のプロジェクトごとに刊行されるシリーズ本の 1 冊である。

「人社プロジェクト」は、研究者のイニシアティブを基盤としつつ、様々なディシプリンの諸学が協働し、社会提言を試みることを通して、人文・社会科学を再活性化することを試みてきた。そのなかでは、日本のあり方、多様な価値観を持つ社会の共生、科学技術や市場経済等の急速な発展への対応、社会の持続的発展の確保に関するプロジェクトが、トップダウンによるイニシアティブと各研究者のボトムアップによる研究関心の表明を組み合わせたプロセスを通して形作られてきた。そして、プロジェクトの内部に多様な研究グループを含み込むことによって、プロジェクト運営には知的リーダーシップが求められた。また、プロジェクトや領域を超えた横断的な企画も数多く行ってきた。

このようなプロセスを経て作られた本書が、未来の社会をデザインしていくうえで必要な知的基盤を提供するものとなることを期待している。

2007 年 8 月

人社プロジェクト企画委員会
城山英明・小長谷有紀・桑子敏雄・沖大幹